KB264134

실패한 사람들과 낙심한 사람들처럼

기회가 한 번 더 필요한 이들에게

하나님은 변함없는 관심을 가지고 계십니다

사랑하는 ________ 님께
그 마음 그대로 전해지길 기대합니다.

The Barnabas Way

위로가 절실한 시대 따뜻한 격려자가 필요하다

바나바처럼

존 슬로안 지음 | 마영례 옮김

세움과 비움
Seum&Bium

말하기는 쉬워도 실천하기는 어려운 법입니다. 더욱이 자신의 소중한 것들을 내놓고 사람들을 위로하고 격려하며 나누는 삶을 실천하는 것은 현대를 사는 우리들에게는 매우 어렵게만 보입니다. 하지만 바나바는 그의 삶을 통해 우리가 힘들게 생각하는 일들을 몸소 실천했습니다. 자신의 땅을 팔아 나누고 지치고 낙심해 있는 마가를 다시 일으켜 세운 바나바. 그는 삶을 통해 힐링을 실천했습니다.

이 책을 읽으면서 바나바에게 주신 사명은 힐링이라는 사실을 새삼 깨닫게 되었습니다. 그리고 낮은 곳으로 향하는 삶을 위해 주시는 하나님의 놀라운 은혜를 경험하게 되었습니다. 저는 이것이 축복이라 확신합니다.

우리가 가진 것으로 위로하고 격려할 수 있도록 용기를 북돋워 주고 한 발자국 앞으로 나갈 수 있게 해주는 이 책 『바나바처럼』은 우리를 낮은 자리에 기꺼이 설 수 있도록 도와주리라 확신합니다.

– **국명호 목사** (여의도침례교회 담임)

　우리 곁에 소외된 자의 친구가 되어 주고, 아무도 믿어주지 않는 자의 보증인이 되어 주고, 좌절과 실패로 상처 입는 자에게 따뜻한 미소로 끝까지 함께하며 희망을 잃지 않도록 붙들어주며, 그리고 도움이 필요한 자에게 자신의 모든 것을 들여서 도와주는 사람이 있다면 얼마나 좋을까?

　자신을 드러내거나 주장하지 않으면서도 상대의 가능성을 발견하여 그것을 실현할 수 있도록 이끌어주는 사람! '탁월한 격려자, 바나바'는 초경쟁의 시대에서 인간소외현상의 극치를 경험하며 살아가는 현대인들에게 진정으로 가치 있는 인생이 어떤 것인지를 분명하게 보여주고 있다. 또한 이 책은 바나바에 대한 세밀한 연구를 통해 그가 성경에서 가장 예수님을 닮은 모습인 것을 증명해 냄으로써 우리가 따라야 할 진정한 예수 그리스도의 제자상을 보여주고 있다.

– 노용찬 목사

(서호교회 담임
라이프호프기독교자살예방센터 공동대표 | 크리스천라이프센터 공동대표)

"존 슬로안이 이 책에서 보여 주는 겸손하고 실제적인 길은 우리 교회가 종종 간과하고 있지만, 절실하게 필요한 핵심적인 복음 메시지로 우리를 안내한다."

"나는 이 책을 사랑한다. 이 책이 말하고 있는 진리를 사랑하고, 이 책에 스며 있는 따뜻한 마음을 사랑한다. 바나바와 같은 사람이 절실하게 필요한 우리 시대에 시기적절하게 잘 맞는 책이다."

"경쟁적인 주장들과 혼란스러운 행로들로 어지러운 이 세상에서 모든 복의 근원이 되시는 하나님을 향해 뚫린 선명한 길을 보여 주는 표지판을 읽을 수 있다는 것은 매우 상쾌한 일이다. 하나님이 어떤 분이며 하나님을 어떻게 알아갈 수 있는지 핵심적으로 이해할 수 있게 도와준 존에게 감사한다."

"착각의 늪 속에 빠져 있는 21세기에 바나바는 대대적으로 광고할 만한 대상이다. 그는 우리를 더 크게 보이도록 자기 어깨 위에 올라서게 해주는 사람이며, 돕는 역할을 하는 좋은 모델이기도하다. 존 슬로안은 거인 바나바의 발자취를 따르는 많은 사람들의 이야기를 재미있게 읽히는 책으로 만들었다. 정독해야 할 이 실생활 필독서는 독자들에게 좋은 동기 부여가 되고 격려가 될 것이다."

– 하워드 헨드릭스(Howard Hendricks) | 달라스 신학 대학 기독교 지도자 센터 대표

"다른 사람들을 격려해 주는 사람들이 많기 바란다. 그래서 그 격려를 받는 사람들이 하나님께서 주신 은사들을 그냥 묻어 두거나 썩혀 버리는 대신 그 은사들을 가지고 앞으로 나아갈 수 있게 되기를 바란다. 이 책은 하나님께서 주신 은사들이 불타오를 수 있도록 부채질 하는 데 도움이 될 것이다."

– 케네스 N. 테일러(Kenneth N. Taylor) | 틴델 하우스 출판사 부장

"수년 동안 나는 삶의 원대한 계획을 세울 수 없는 내 자신의 무능력을 슬퍼했다. 그런데 원대한 일을 포기하고, 우연한

만남이나 그저 친근하게 나누는 대화나 하루 동안 예상치 않게 이루어진 사람들과의 이런 저런 만남 등 작고 사소해 보이는 일상적인 일들에 내 관심을 돌리게 되었을 때 내가 그렇게도 바라던 복된 삶을 찾을 수 있었다. 이 책은 도움이 필요한 사람들에게 하나님의 사랑과 격력의 통로가 되어 주는 것이 바로 그리스도인 생활의 중심이라는 중요한 사실을 일깨워 준다. 이 사실을 상기시켜 준 존에게 감사한다."

"존 슬로안은 격려하는 삶을 일깨워 주는 매우 실제적이고 고무적인 책을 썼다. 존은 내 삶에도 중추적인 역할을 해주었다. 그의 책은 다른 사람들에게 큰 영향을 미칠 수 있도록 도와 줄 것이다."

■ 차 례

복을 받는다는 것은

"우리는 하나님과 함께하는 기적의 삶을 경험할 수 있다."

"하나님을 일상생활의 한 부분이 되게 하라. 그러면 날마다 복을 주실 것이다."

"하나님은 우리의 일상생활 속에서 일하신다. 이 사실은 하나님께서 우리에게 베풀어 주시는 것들을 통해 분명하게 드러난다."

이런 약속들을 하나님께서 주시는 복과 연결시켜 말하는 세미나와 책들이 수없이 많다. 이들은 한결같이 하나님께서 주시는 선물이 바로 하나님의 은혜와 사랑을 보여 주는 증거라고 말한다. 그렇다면 이들이 하나님을 찾는 방식은 선물에 초점을 맞추고 있는가? 아니면 선물을 주시는 분에게 초점을 맞추고 있는가? 더 많은 복을 받기 위해 하나님을 믿으려는 이런 자세가 과연, 하나님이나 하나님께서 우리를 위해 행하시는 일에 더욱 집중하게 한다고 생각하는가?

하나님의 은총을 상징하는 것이 곧 물질적 보상이란 견해가 1975년 개봉된 영화 <왕이 되려고 한 사나이The Man who Would Be King>에 잘 그려져 있다. 루드야드 키플링Rudyard Kipling의 이야기를 기초로 한 이 영화는 카피리스탄이라는 신비의 땅에서 행운을 좇는 데니 드라보트와 피치 카네한이라는 영국 병사들의 이야기다. 두 사람은 외부 세계의 영향을 전혀 받지 않은 한 나라를 발견하는데, 그 왕국엔 금은보화가 넘쳐 나고 있었다.

그곳 사람들은 두 영국인을 그들의 신으로 삼고 데니를 왕으로 추대했다. 그리고 그들의 요구에 따라 끊임없이 선물 공세를 폈다. 데니와 피치는 계속 그렇게 살고 싶었겠지만, 카피리스탄 사람들은 결국 자신들이 속았다는 사실을 알고 복수를 단행한다.

우리도 이들과 같은 자세로 하나님께 나아가는 사람들과 너무나 비슷하다. 사람들은 구하기만 하면 선물과 복을 받을 수 있는 땅에서 살고 싶어 한다. 풍성한 축복을 누리는 것이 곧 하나님의 사랑과 은총을 받고 있는 증거로 여긴다.

그러나 이런 영적 접근 방식은 믿음이라는 바탕에 커다란 구멍을 뚫는 것이다. 영적인 행운만을 추구할 때 하나님에 대한 우리의 개념은 달라진다. 하나님이 더 이상 중심이 되지 않는다. 하나님을 마치 우리를 위해 일하는, 힘 있는 하나의 비인격적인 세력처럼 여기게 된다.

그러나 C. S. 루이스Lewis는 "하나님은 인간을 위해 존재하는 분이 아니다. 그리고 인간 역시 자기 자신을 위해 존재하는 것이 아니다."라고 말했다. 하나님의 임무가 우리를 섬기는 것이라고 생각한다면 마치 하나님을 알라딘의 램프 속에 넣고 요정이라 부르는 것과 다를 바가 없다.

하나님은 우리가 원하는 대로 항상 우리 기도에 응답해 주시지 않는다. 만약 하나님을 우리가 구하는 대로 무조건 주시는 분으로 여기면서 복을 구한다면, 아주 작은 복을 구하면서도 얻지 못한 사람들은 자신들의 내적 동기에 대해 의아해하지 않겠는가?

하나님께 복을 구하면서도 복을 얻지 못해 실망한 사람들은 결국 데니 드라보트처럼 버림받은 느낌을 갖게 될 것이다(영화 속에서 데니는 깊은 구렁의 양쪽을 이어 주는 다리 위로 떠밀려 그 구렁의 심연 속으로 떨어진다. 그는 피치 한 사람을 제외하고는 한때 자기 왕국에서 살았던 모든 사람들에게 버림받는다).

영적 삶에 대한 글을 쓴 작가인 게리 토마스Gary Thomas는 "이 시대는 너무 쉽고 편하게 복을 구하는 세대가 되었다."고 말한다. 우리가 바라는 것이 정말 그런 것인가? 하나님께서 큰 일을 행하실 때만 우리와 함께하시는가? 아니면 역설처럼 보일 만큼 우리의 기대와는 다른 방식으로 일하시는가? 또한 평범한 사람들이나 기회가 한 번 더 필요한 사람들이나 작은 일에조차 하나님께서는 관심을 가지고 계실까?

이상하게도 예수님은 후자를 선호하셨던 것처럼 보인다. 그리고 그 후자를 복된 길이라고 보여 주셨다. 앞으로 살펴보겠지만, 그 복은 금방이라도 손에 쥘 수 있을 것처럼 말하는 사람들이 주장하는 그 어떤 약속들보다 훨씬 더 좋은 것이다.

하나님께서 주신 복을 누렸지만, 다른 사람들은 거들떠보지도 않던 소외된 사람들을 사랑하며, 하나님의 돌보심에 대해 감사했던 한 인물을 신약 성경 속에서 찾아볼 수 있다. 그의 이름은 바나바였다. "아, 예수님 대신 풀려난 그 테러리스트 말하는거죠?" 아니다. 그 사람은 바라바였다. "한밤중에 예수님을 찾아왔던 그 바리새인 아닌가요? 거듭난다는 말을 이해하지 못했던 그 사람 말이에요?" 아니다. 그 사람은 니고데모였다. 바나바는 초대 교회 사도들 중의 한 사람이었다. 그는 사람들이 '굳은 마음으로 주께 붙어 있기를' 바랐던 격려자 encourager로 가장 잘 알려져 있다.

바나바의 이름은 실제로 '권위자勸慰子, Son of encouragement' 란 뜻이다. 그는 그 이름에 걸맞는 삶을 살았다. 다른 사람들을 격려했다. 그는 서로 의견 차를 보인 사람, 또는 실패했지만 다시 일어서도록 격려 받아야 할 필요가 있었던 두 사람을 도왔다. 바나바가 권위자로서 위대한 영적 지도자가 될 바울과 마가를 돕기 위해 보여 준 장면보다 그 임무를 더 잘 수행한 곳을 신약성경에서 찾아보기 어려울 것이다.

격려하는 역할을 하면서 바나바가 얻은 유익은 무엇인가? 예수님은 '착한 사람이요 성령과 믿음이 충만한 자'라고 불렸던 바나바와 같은 사람들에게 어떤 일이 일어나게 될지 팔복을 통해 설명하셨다. 사심 없는 마음으로 다른 사람들을 격려하고 고통 받는 사람들에게 동정심을 보여 주었던 바나바처럼 '마음이 청결한 자와 긍휼히 여기는 자는 하나님을 보고 하나님께서 베푸시는 긍휼을 경험하게 될 것'이라고 분명히 말씀하셨다. 이런 사람이 하나님의 은혜를 입은 복 있는 사람이다. 하나님의 복을 맛보는 사람이며 하늘의 부요를 발견하게 될 사람이다.

복 있는 사람이 되기를 바라는가? 무언가 바라는 것을 얻는 최선의 방법은 그것을 구하는 것이라고 생각하기 쉽다. 그러나 이 책은 하나님과 함께 일하는 것이 진정 '복 받는 길'임을 보여 준다. 때문에 이 책이 신선한 충격으로 다가올 수 있을 것이다. 하나님께 무언가를 받는 가장 최선의 방법은 바나바처럼 도움을 필요로 하는 사람들을 도와주는 것이다. 그것은 우리 모두가 날마다 선택할 수 있는 일이다.

※ 이 책에 인용한 성경 구절들은 각주에 표시해 두었음.

오늘날 사람들은 복과 행복이
같은 것이라고 생각한다.
그리고 하나님께서 주시는 선물이
우리를 사랑하시는 증거라고 여긴다.
그렇게 되면 우리의 영적 나침반은
정북 방향이 아니라
'정복' 방향으로 고정된다.

01

축복의 딜레마

우리는 복을 구하는 사람들, 선물을 바라는 사람들, 하나님께서 자신들의 삶 속에서 위대한 일을 하고 계심을 보여 주는 극적인 증거들을 구하는 사람들을 알고 있다. 그런데 그들 중 많은 사람들에게는 그 증거가 잘 나타나지 않는다.

승리자의 자리에 서고 싶지 않은 사람이 어디 있겠는가? 자신의 지도자가 출중하고 모범적이며, 모든 답을 알고 있는 사람이기를 바라지 않는 사람이 또 어디 있겠는가? 이것이 바로 우리가 종종 하나님에게서 찾고자 하는 모습이다. 필립 얀시는 "가끔씩… 나는 하나님께서 좀 더 강한 손길을 사용하셨으면 하고 바란다. 하나님께서 세상 일 속에서 좀더 적극적인 역할을 해주셨으면 하고 바란다. 그리고 내 기도에 좀 더 빠르고 극적으로 응답해 주시기를 바란다."고 고백했다.

하나님께서 어떻게 대해 주면 좋겠는지 사람들에게 물어 보면 그 대답은 사람에 따라 각각 다르겠지만, 모두 공통적으로 하나님께서 해주실 수 있는 일이나 공급해 주실 수 있는 것들에 대해 이야기할 것이다.

"사실상 우리는 하늘에 계신 아버지가 아니라 아이들이 즐거워하는 것을 보고 싶어 하는… 하늘에 계신 할아버지를 원한다.”

하나님은 우리가 구하는 것에 대해 즉각적인 반응을 보이며 복을 주는 분이라고 생각한다면 그분이 주시는 복이 분명하게 잘 드러나지 않을 때 우리는 실망에 빠지게 된다.

이것은 우리가 기도를 제대로 하지 않았거나 하나님께서 복을 주시겠다고 약속하셨음에도 불구하고 우리에게 복을 주지 않기로 작정하셨거나 둘 중의 하나일 것이라고 생각한다. 그래서 많은 사람들이 낙심하고 움츠러든다. 어떤 사람들은 습관처럼 기계적으로 교회에 나가긴 하지만 마음속에는 분노와 비통함을 꾹 눌러 두고 있다. 또 어떤 사람들은 환멸을 느끼고 하나님을 따르는 사람들을 뒤로 한 채 신앙을 저버리고 떠나기도 한다.

그러나 그럴 필요가 없다. 만일 날마다 우리와 함께하시는 하나님이 보장해 주는 영적 생활의 비밀을 발견하게 된다면 어떻겠는가? 그래서 상상할 수 없었던 방법으로 하나님께서 우리에게 복을 주신다면 어떻겠는가? 그 비밀은 우리가 어리거나 나이가 들었거나, 부유하거나 가난하거나, 아이큐가 높거나 그저 보통이거나, 섬기기를 좋아하는 사람이거나 다른 사람들을 잘 이끌 수 있는 사람이거나 상관없이 우리 모두의 것이 될 수 있다.

이 복은 하늘의 별처럼 많은 자손을 두었다고 말하는 아브라함 같은 사람들만을 위한 것이 아니다. 담대한 믿음을 가진 사람들이나 정복해야 할 성을 빙빙 돌다가 무너뜨린 여호수아 같은 사람들만 주장하도록 기다리고 있는 것도 아니다. 그러나 이 영적 비밀을 깨닫고자 할 때 사실상 복은 그리 큰 관심의 대상이 아니다. 믿음과 행동 저편에 복은 풍족하게 있다. 그리고 하나님께서 아주 가까이 함께하신다.

그러나 복과 건강과 편안한 삶은 오늘날 사람들이 가장 많이 추구하는 것이므로 순서를 바꾸어 살펴보자. 그러니까 복에 대해 먼저 생각해 보자는 말이다. 그러고 난 다음 하나님에 대해 생각해 보자.

인생의 좋은 일 vs 나쁜 일

어린 시절로 되돌아가 생각해 보면 나쁜 일보다는 좋은 일들을 훨씬 더 많이 기억할 수 있다. 그러나 내게 가장 깊은 영향을 미쳤고 내 기억 속에 가장 선명하게 남아 있는 것은 나쁜 일이다. 그리고 하나님께서 내게 아주 특별한 사람들을 만나게 하신 때도 바로 어려운 시간들이었다. 다시 말해서 그 어려운 때에 하나님께서 그 특별한 사람들 중의 한 사람이 되어 내게 다가오셨다. 그리고 그 사람은 내 영적인 삶에 씨앗을 뿌려 주었거나 아니면 시들어 가는 나무에 물을 주었다.

로스앤젤레스에서 자란 나는 로마네크스 건축 양식을 한 LA 대경기장에서 벌어지는 램스Rams 미식축구 게임을 아버지와 함께 보러 갔던 일을 어렴풋이 기억한다. 그곳은 매우 인상적인 스포츠 경기장이었다. 오렌지 과수원에 생긴 디즈니랜드가 세상에서 하나밖에 없는 유일한 놀이동산이었던 당시 그곳을 방문했던 일도 기억이 난다. 아득하긴 하지만 아버지와 두 형과 함께 헌팅턴 비치에서 파도가 부서지는 바닷속으로 뛰어들었던 일도 기억한다. 파도가 눈사태처럼 우리 위를 덮치면 우리는 파도를 타고 높이 치솟아 올랐고 해변에서 약 50미터 가량 헤엄쳐 나갔다.

이런 좋은 추억들을 기억하고 있지만 자세한 기억은 없다. 그리고 긴 안목으로 보면 이런 추억들이 내게 그리 큰 영향을 미쳤다고 생각하지 않는다.

그러나 아버지가 돌아가셨던 날은 마치 어제처럼 생생하게 기억하고 있다. 그때 나는 여덟 살이었고 세상이 산산조각나는 듯했다. 다시는 행복할 수 없을 것 같았다. 그러나 그 이후 몇 사람이 차례로 내게 나타나기 시작했다. 그들은 하나님께서 여전히 살아 계신다는 소망을 잃지 않도록 내 곁에 있어 주었다.

좋은 일, 행복한 일만 복인가?

오늘날 사람들은 복과 행복이 같은 것이라고 생각한다. 그리고 하나님께서 주시는 선물이 우리를 사랑하시는 증거라고 여긴다. 또한 복은 하나님께서 더 큰 성공을 거두게 하시고, 더 많은 사람들을 교회에 보내 주시고, 하나님께서 역사하심을 기이한 방식으로 드러내는 일이라고 강조하는 사람들도 있다.

그렇게 되면 우리의 영적 나침반은 정북 방향이 아니라 '정복' 방향으로 고정된다. 그리고 예상했던 복이 나타나지 않으면 어떤 사람들은 자신들이 충분히 기도하지 않았거나 올바로 기도하지 않았기 때문이라고 생각한다. 또 어떻게 영적이 되어야 하는지 배우지 못했기 때문이라고 결론을 내린다. 이런 영성을 가진 사람들은 크게 기뻐하는 '좋은' 일들과 '행복한' 일들을 날마다 추구하고 또 주장한다.

바라던 결과를 얻은 사람들을 보는 것은 신나는 일이다. 그러나 그런 복을 얻지 못하는 사람들에게는 불행한 일이다. 그들의 삶은 성공하지 못했기 때문에 "큰 것을 구하라. 그러면 큰 것을 주실 것이다." 라는 논리에 맞지 않을 뿐 아니라 그런 설교를 뒷받침해 주는 예화가 되지 못한다.

나와 책상 맞은편에 앉아 거래를 협상하던 친구가 있었다. 우리는 서로 정반대 입장에 서 있었다. 그가 자기 회사를 잘 대변하면 우리 회사가 협상에서 계약하지 못하거나 돈을 잃거나 아니면 둘 다 놓칠 수도 있었다. 그러나 내가 더 좋은 주장을 펼친다면 그와 그의 회사가 거래를 잃게 될 수 있었다.

우리가 격한 감정으로 서로 맞붙었을 것이라 생각하는가? 아니다. 그 이유는 이렇다. 우리는 서류 가방을 열어 서류를 꺼내기 전에 그리스도께서 그 협상을 주도해 나가야 한다는 사실을 알고 있었다. 이 점에서 그는 모범적인 사업가였다. 협상이 빗나갈 때 그는 잠잠했다. 정정당당하게 거래를 성사시켰을 때 그는 기뻐했다. 그는 처음부터 친절했고 늘 그랬다. 사업계에서 그는 자신의 믿음을 구사했다.

그러나 1999년 가을, 그는 아내와 어린 네 자녀를 남겨두고 비행기 사고로 비참하게 세상을 떠났다. 전국적인 관심을 모았던 그 비행기 사고로 인기를 누리던 몇몇 스포츠 선수들도 숨을 거두었다. 전 국민이 그들의 죽음을 애석해 했다. 내 친구는 그 운동선수들의 이름 중에는 들어 있지 않았지만, 그의 가족과 그를 알고 있던 모든 사람들은 크게 슬퍼했다. 그가 어떤 사람인지 잘 알고 있었기 때문이었다.

오늘날 인기를 얻고 있는 '축복 신학'은 구하는 자마다 하나님께서 보상해 주신다고 말한다. 그러나 그것이 남편과 아버지를 잃게 된 어머니와 어린 네 자녀들의 상황을 어떻게 설명해 줄 수 있겠는가? 그 부부는 하나님께서 자신들의 가정에 복 주시기를 지속적으로 기도해 왔다. 하나님께서 구하는 모든 사람들에게 응답해 주신다면 그들에게 벌어진 이런 상황은 도대체 어찌된 일인가? 무엇이 잘못된 것인가?

　당신의 영적 생활에 가장 깊은 의미를 갖게 해주었던 일들을 생각해 보라. 좋은 것을 구하고 받았던 일인가? 아니면 자신과 다른 사람들의 삶 속에 일어났던 어려운 일이었는가? 전자라고 대답하는 것은 미망인이 된 내 친구의 아내와 사별의 고통을 당한 사람들을 외면하는 것이 된다. 왜냐하면 그들의 처참한 경험은 복으로만 채워진 삶과 전혀 부합하지 않기 때문이다.

　그러나 어려움에 처한 사람들을 돕고 격려할 수 있었던 후자라고 대답하는 것은 마음이 상하고 곤란한 일을 겪게 되는 불편함이 따른다는 것을 의미한다. 그리고 상처와 실수와 마음의 고통으로 문드러진 세상임에도 불구하고 그 상처에 대해 불평하지 않으며, 하나님은 여전히 선하신 하나님으로 계신다는 사실을 신뢰하는 것이다. C. S. 루이스는 이 세상이 잘못되어 가고 있긴 하지만, 그래도 여전히 그 모습을 인정하고 좋은 세상으로 보는 것이 그리스도인의 관점이라고 말했다.

　아내와 나는 열다섯 살 된 아들과 어린 두 딸을 데리고 우리 마을에 살고 있는 한 가정과 어렵게 사귀게 되었다. 사실 우리는 그 부모보다 그 아들을 더 잘 알고 있었다. 그 아이는 작가가 되고 싶어 했다. 그런데 마침 내가 출판계에서 일을 하고 있기 때문에 그 아이는 내게 자신이 쓴 글을 가지고 와 평을 듣곤 했다.

나는 그 아이가 우울증으로 고생하고 있다는 사실을 전혀 몰랐다. 내게 계속 비밀로 숨겨 왔기 때문이다. 나중에 부모가 그 아이를 데리고 병원을 찾아가 치료와 상담을 받고 있다는 사실을 알게 되었다.

그러나 이런 경우에 종종 볼 수 있듯이 세상을 떠나던 날, 그 아이는 부모와 친구들 앞에서 매우 즐겁고 낙관적인 것처럼 행동했다. 그날 오후에는 자신이 좋아하던 자선 단체를 찾아가 도왔다. 그리고 그날 밤 더 이상 자신이 감당할 수 없고 이겨낼 수 없을 것 같은 감정적인 고통을 끝내기 위해 총을 들었다.

그 소식을 듣고 나와 아내는 그 어린 친구와 부모를 생각하지 않을 수 없었다. 그래서 그들을 찾아갔다. 정말 애석하다는 말을 전하며 우리 아버지 역시 총으로 생애를 마치셨다는 이야기를 해주고 싶었다. 그들에게 커피를 대접했다. 내가 처음 찾아갔을 때 아이의 어머니는 문을 열 수도 없을 정도였다. 그 후 몇 개월 동안 아내와 나는 우리가 그들을 위해 할 수 있는 일이 있는지 여러 차례 물었다. 동네 사람들이 함께 모이는 자리에 그들을 초대했고, 같이 외식하자는 초청도 했다.

처음에 그들은 그저 아무것도 할 수 없었다. 고통이 너무 컸기 때문이다. 그러나 마침내 그들이 우리를 찾기 시작했다. 우리는 같이 산책했다. 그리고 자살한 사람이 있는 가정들을 돕기 위한 모임에 함께 가 달라는 청을 들어 주었다. 우리가 그들에게 어떤 도움을 줄 수 있었는지 정말 모른다. 그러나 몇 달 후 한 모임에서 그들이 처한 절망에서 벗어날 수 있도록 우리가 도와주었다고 말하는 것을 듣게 되었다. 그들은 하나님께서 우리를 그들에게 인도해 주셨다고 생각했다.

그때 일을 돌아보면 사실 그들이 우리를 하나님께로 데려다 주었다. 상실감이 너무 커서 아주 고통스런 상황이었기 때문에 우리는 무슨 말을 어떻게 해야 하는지 난감하기만 했다. 그래서 우리는 하나님께 도움을 간청했다. 그리고 하나님께서 우리에게 오셨다. 그것은 엄청난 복이었다. 그것은 우리가 사람들을 위로하고 격려해 주고 싶어 했기 때문에 얻은 복이었다.

그 경험은 바나바가 누렸던 복을 내게 드러내 주기 시작했다. 누군가 바나바와 같은 마음 자세를 가지고 어려운 상황에 처한 사람을 도와주려 할 때 양쪽이 모두 도움을 받을 수 있다.

이 진리가 영화 〈후지어Hoosiers〉에 사실적으로 묘사되어 있다. 진 핵크만Gene Hackman이 배역을 맡은 노먼 데일Norman Dale이라는 인물은 과거를 알 수 없는 고등학교 야구 코치다. 히커리라는 인디애나의 작은 마을에 온 그는 한 고등학교 야구팀을 지역별 경기 결승전에 참여할 수 있을 정도의 우수한 팀으로 만들기 위해 노력했다. 그러나 데일은 선수들의 부모들과 야구팀을 지도하는 일을 그보다 더 잘 알고 있다고 생각하는 사람들의 반대에 부딪혔다. 또 선수들을 자신의 경기방식으로 끌어들이는 것 역시 힘든 일이었다.

그런 데일 코치의 삶에 한 선수의 아버지이며 마을의 술고래로 통하던 사람이 불쑥 끼어들었다. 그는 한때 히커리 허스커스 야구팀 스타 선수로 데니스 호퍼에서 경기했던 슈터Shooter라는 사람이었다. 데일은 그가 선수들과 팀들이 사용하게 될 전술들을 잘 알고 있다는 사실을 알고 나서 그에게 보조 코치로 일해 줄 것을 제안하면서 술을 끊어야 한다고 말했다. 슈터는 그 제안을 받아들였고 맑은 정신을 유지했다.

완벽하지는 않았지만 평생 골칫거리가 되어 온 알코올 중독 증세를 처음으로 극복하면서 훌륭한 선수들을 허스커스 팀에 불러 모으며 슈터와 데일은 깊이 결속되어 갔다. 데일은 또 야구 실적 통계뿐 아니라 다른 면에서도 슈터와의 관계를 통해 여러 가지 유익을 얻을 수 있었다. 처음 그 마을에 왔을 때 대부분의 사람들은 그를 차갑고 냉담한 사람으로 보았다.

그러나 슈터와의 관계를 통해 사람들은 노만 데일코치가 얼마나 사려 깊은 사람인지 보게 되었다. 결국 그에게 필요한 지지를 얻을 수 있었다.

우리의 실제 생활 속에서도 마찬가지다. 도움이 필요한 사람에게 다가가 친절을 베풀면 그 과정 속에서 우리가 도움을 받게 된다. 이것이 다른 사람들을 격려하며 사는 사람의 삶 속에서 볼 수 있는 놀라운 삶의 역설이다.

바나바의 방식에서 가장 주목할 만한 요소는 성경퀴즈에서 정답을 알고 있는 사람이나 그렇지 않은 사람 모두에게 적용

될 수 있다는 점이다.

심지어는 필립 얀시가 '이 세상에서 겪는 어려움에도 불구하고 하나님을 기대하고 즐거워하는 것을 배운 무시 받는 성인들'이라고 말한 최악의 상황에 처한 사람들에게도 적용될 수 있다. 사실 이런 사람들이야말로 진정한 복을 발견하게 되는데 그것은 그들의 삶 속에서 팔복이 진리로 드러나기 때문이다. 그렇다면 그것은 그리스도인들을 핍박했던 사울(바울)을 아무도 받아주려 하지 않았을 때 그를 믿어 주고 격려함으로 교회 역사에 이름을 남기게 된 바나바가 했던 것처럼 우리도 할 수 있음을 뜻한다.

바나바는 도움과 격려가 필요한 사람들, 실패한 사람들에게 다가가 많은 사람들이 찾고 있는 복이 되어 준 사람이었다. 다시 선교여행에 오르게 된다면 '크게 성공할 것으로 보이는 사람(요한, 마가)'을 선택했을 때 바나바는 논리를 무시한 사람이었다. 그는 사람들이 할 수 없다고 말하는 것 안에 있는 가능성을 보며 할 수 있다고 믿은 사람이었다. 그는 도움을 필요로 하는 사람들과 자기 것을 내어 주는 사람들 모두의 수호성인이다.

바나바는 더 이상 가망이 없다고
여겨지는 사람들이나 버림받은 이들에게
한 번 더 기회를 주어 사람을 세우는 일에 힘썼다.
교회를 핍박하던 바울이 회심했을 때 기꺼이 보증을 서 주었고,
선교여행 중에 떠난 마가에게 다시 한 번 기회를 주어
하나님의 신실한 일꾼이 되게 했다.
바나바의 이름은 크게 빛을 발하지는 못했지만,
그는 진정 복 있는 자의 삶을 살았다.

02

특별한 사명,
탁월한 격려자 바나바

바나바는 어떤 사람인가? 사도행전 4장 36절에 의하면 요셉이라고 불리기도 했다. 그는 레위족의 한 사람으로 실리시아와 수리아(지금의 터키와 시리아) 해안에서 좀 떨어진 지중해 북동쪽에 자리 잡은 큰 섬 구브로에서 태어났다. 나는 바나바의 원래 이름이었던 요셉이란 이름을 그대로 사용했더라면 좋았을 텐데 하는 생각을 하곤 한다. 그는 정말 좋은 사람이었다. 요셉의 애칭으로 사용되는 조우Joe라는 이름은 다른 사람들을 격려해 주는 사람에게 언제나 잘 어울리는 듯하기 때문이다.

그러나 사도들은 그를 '권위자'라는 뜻을 가진 바나바라는 이름으로 불렀다. 또 '위로자'라는 뜻을 지닌 이름으로 번역한 사람들도 있는데, 그 이름 역시 바나바에게 잘 어울리는 이름이다.

나중에 교회들은 바나바를 선지자와 교사와 사도로 불렀다. 이런 은사들은 그가 성숙한 신자로 발탁되었으며 주님께서 살아 계셨을 때 함께했던 사도들과 같은 사람으로 여겨졌음을 보여 준다. 이 사람을 이해하기 위해 그의 성품과 사역을 보여 주는 네 가지 중요한 장면들을 살펴보자.

자신의 소유를 내어 주는 사람 바나바를 볼 수 있다. "그가 밭이 있으매 팔아 값을 가지고 사도들의 발 앞에 두니라".

바나바의 집은 구브로에 있었기 때문에 그 밭은 그 섬에 있던 땅이었고, 그 땅은 유산으로 물려받은 가산이었을 것이다. 그리고 바나바가 가져온 그 선물은 믿는 무리가 한 마음과 한 뜻이 되어 모든 물건을 서로 통용하고 제 재물을 조금이라도 제 것이라 하는 이가 하나도 없었으며 사도들은 큰 권능으로 예수의 부활을 증거했다고 그 몇 구절 앞에서 언급한 상황을 증명해 주었다.

땅을 소유한 바나바는 그 고향 도시에서나 그가 선물을 바친 교회 공동체 내에서나 상당히 명망 있는 사람이었다. 제일 먼저 기록된 그의 행동은 그가 땅 판 값의 일부만이 아니라 서류상에 기록된 금액 전부를 사도들의 발 앞에 가져온 일이었다. 바나바는 우리에게 있는 것을 쉽게 내어 줄 수 있다면 그것들이 우리를 소유하지 않는다는 사실을 보여 준다. 그리고 우리는 돈보다 더 중요한 것을 받아들일 수 있는 자유로운 손을 갖게 된다.

바나바와는 상반되는 이야기를 들려주는 한 사업가를 나는 알고 있다. 그 사람은 자금을 관리하는 일을 시작하면서 정말로 사람들을 도와주고 싶었다. 처음에는 몇몇 고객들을 잘 섬기고 싶었다. 그리고 자신의 삶 속에서 기적적으로 일하시는 성령님의 능력으로써 기독교의 진리를 받아들이게 되길 바랐다. 세월이 흐르면서 그는 좀 더 성공하게 되면 더 많은 고객이 찾아올 것이며, 따라서 더 많은 사람들에게 하나님의 메시지를 전할 수 있을 것이라고 생각했다.

몇 년 후 매우 성공한 그에게는 엄청나게 많은 고객이 생겼다. 그는 힘 있는 유명 인사들과 어울리게 되었다. 그의 사업은 점점 번창했고 스포츠 전문 경영에도 참여했다. 헐리우드는 서부 지역을 돌면서 그가 정기적으로 들르는 곳이 되었다.

그러나 그의 메시지는 믿음을 가진 사람에서 사업에 성공한 사람의 메시지로 바뀌었다. 더 이상 기독교에 관한 이야기는 하지 않았다. 그의 관심은 부동산으로 꽉 차 있었다. 따라서 더 이상 하나님의 위로와 동정심을 가지고 사람들을 대하지 않았다.

이 사람과 바나바를 비교해 보라. 바나바는 자기 땅을 팔아 그 돈을 예루살렘 교회에 주었다. 억지로 하지 않았다. 그것은 다른 사람들을 위해 자신의 자리를 양보하는 일을 소중하게 생각하는 사람의 생활 방식을 보여주는 것이었다.

2: 바울의 보증인이 되어주다

예루살렘 교회는 바나바가 전적으로 자신의 성품에 맞는 일을 하면서 시작되었다. 그는 앞장서서 어려움에 처한 새 신자 한 사람의 보증인이 되었다. 그는 유대교 지도자로 상당히 높은 지위에 있었고, 교회를 핍박하던 사람으로 바리새인들 중의 한 사람이었다. 그리고 스데반을 돌로 쳐 죽인 폭도들 중에 함께 있었다. 그런데 바나바는 그 바울(사울)을 변호하면서 그의 순수한 회심을 지지해 주었다.

그 당시 교회가 사울을 인정하고 받아들이는 일은 스위치만 누르면 불이 켜지듯이 그렇게 간단하지만은 않았다. 1세기 당시 그는 그리스도인들이 두려워하고 증오하는 인물로 어떤 일을 저지를지 모르는 제3세계 테러범과도 같은 인물이었다.

스데반을 돌로 쳐 죽이는 일에 가담한 후 사울은 그리스도인이 된 유대인들을 체포하기 위한 공문서를 발급 받으려고 예루살렘에 있는 대제사장에게 갔다. 그리스도인이 된 유대인은 누구라도 체포해서 예루살렘으로 송환할 수 있는 권리를 부여한 공문서였다. 물론 사울이 수리아를 향해 북으로 가던 도중 예상치 못했던 일이 일어났다는 사실을 우리는 잘 알고 있다. 그리고 그 일로 그의 인생은 영원히 바뀌게 되었다.

예루살렘에 있던 사람들은 그 사실을 전혀 몰랐다. 그들이 알고 있는 것은 사울이 성경 연구에 뛰어들어 몰두하고 있다는 사실뿐이었다. 죽이겠다고 협박하고 다니던 그 사람이 별안간 제자 훈련 코스를 인도하고 싶어 했다. 그것은 심리학적으로 잘 들어맞지 않는 일이었다. 그래서 그 간격을 메우기 위해 바나바가 나서게 되었다.

바나바는 예루살렘에서 바울을 변호하기 위해 나선 적이 있었고, 또 북쪽에 있는 수리아의 수도인 안디옥에서도 그랬다. 안디옥 교회는 세 차례에 걸친 바울의 선교 여행을 비롯한 선교 활동의 전진 기지가 되어 주었던 첫 번째 이방인 교회였다. 그 일을 하기 전에 먼저 안디옥 교회는 다소에서 온 외지인을 소개받을 필요가 있었다. 그래서 다시 바나바가 앞장섰던 것이다.

바나바가 한 일은 쉬운 일이 아니었다. 다음 상황을 상상해 보라. 1960년 남아메리카에서 일어난 일이다. 인권 평등을 주장한다는 이유로 당신과 당신의 친구들을 해치기 위해 살인적으로 차를 몰았던 남자가 느닷없이 어느 날 생각이 달라졌다며 당신의 집을 찾아왔다. 그는 그 동안 십자가를 불태우고 늦은 밤에 사람들을 두들겨 패는 일을 해왔다.

그래서 손에 무기를 들고 그를 맞으러 나가야 하는 건지 아닌지 잘 알 수 없는 상황에서 그의 손에 무기가 없다는 사실을 확인할 수 있을 정도로 문을 약간 열었다. 그는 당신과 그의 증오심 때문에 상처를 입은 사람들과 화해하고 싶다고 말했다.

그는 당신의 도움이 필요했다. 증오에 찬 난폭한 숙청 운동은 힘을 잃었고, 그가 속해 있던 인종 차별 단체가 와해되었다고 했다. 당신과 친구들은 그 사람이 정신 이상이 아닌가 생각했다. 그는 선동을 일삼는 사람이었으나 이제 한 사람의 실패자가 되었다. 결국 대중의 정서가 시민권을 옹호하는 쪽으로 기울었기 때문에 당신도 그를 외면할 수밖에 없었다. 그러나 그는 자신이 그리스도인이 되었다고 말했다.

이 사람의 말을 받아들인다면 어떤 일이 벌어질까? 그의 핍박 때문에 아들을 잃은 아버지들과 그의 증오심 때문에 욕을 본 딸을 둔 어머니들, 그로 인해 그저 다른 사람들처럼 평범하게 살고 싶은 권리를 빼앗겼던 겸손한 사람들은 만나는 자리에 그도 함께 참석하게 될 것이다. 만일 당신이 그를 받아들이면 그 사람은 구원받을 자격이 없다고 철석같이 믿고 있는 사람들의 반대에 부딪히게 될 것이다.

"우리를 그렇게 괴롭히고 큰 고통을 준 이 사람을 어떻게 용서할 수 있겠어요?" 라고 말하는 사람이 있을 것이다. 또 "우리 딸은 그 충격에서 아직도 헤어나질 못하고 있어요" 라고 외치는 어머니도 있을 것이다. 그리고 당신도 여러 가지 면에서 그들과 공감할 것이다. 그에게 한 번 더 기회를 준다는 것이 말이 되는가? 그런데도 그 사람을 변호하기 위해 일어설 것인가? 바나바라면 망설이지 않았을 것이다.

모든 사도들이 사울을 두려워했다. 그러나 사울의 이야기를 듣고 사울의 회개를 믿은 바나바는 그의 손을 잡고 교회 지도자인 베드로와 야고보에게 데려갔다. 바나바는 이 예루살렘

사도들에게 사울이 다메섹에서 경험한 일, 곧 예수님께서 사울에게 나타나셨던 일과 그 이후 사울이 다메섹에서 얼마나 힘 있게 복음을 전파했는지를 이야기해 주었다. 바나바는 이렇게 말했을 것이다.

"이 사람은 달라졌어요. 기회를 좀 주세요. 나도 그가 도시마다 다니며 그리스도인이 된 우리 모두를 위협했고 어떤 사람들은 끌어다가 고문을 가하고 죽이라는 명령을 내렸던 것도 알고 있어요. 그러나 지금은 달라졌어요. 맹세할 수 있어요. 이 사람이 달라졌다는 걸 내 목숨을 걸고 보장할 수 있어요."

우리는 변화된 바울의 삶이 그가 용서받을 수 있는 새 사람이 되었다는 것을 분명히 보여 준다고 말할 수 있을 것이다. 우리가 그 당시 그 자리에 있었다면 우리도 바울을 변호하지 않았겠는가?

우리는 한 사람을 완전히 용서하고 그에게 새로운 기회를 주어야 한다고 그를 변호해야 하는 상황을 자주 접하게 되지는 않는다. 그런 일은 1960년대 남아메리카에서, 1900년대 코소보에서, 그리고 요즘 팔레스틴과 이스라엘과 아프가니스탄과 미국에서 가끔씩 일어나는 일이다.

그러나 이혼하고 그 여파로 주일 성경 공부 모임에 더 이상 나갈 수 없다고 느끼는 사람의 경우는 어떤가? 몇 차례에 걸쳐 찾아온 심한 불안 증세 때문에 수개월 동안 치료받다가 이제 다시 성경 공부 모임에 다시 나가고 싶지만, 그에 대해 수군대는 이야기들이 오가고 있다는 사실을 알고 있는 여성의 경우는 어떤가?

알코올 중독 방지회에 나가서 20년 동안 술에 취해 산 자신의 삶을 회복해 보려고 애를 쓰다가 어느 날 갑자기 사라져 몇 개월 동안 나타나지 않는 사람의 경우는 어떤가? 그가 바로 지난주에 전화해서 이제 주님께 다시 돌아왔기 때문에 이번에는 정말 달라질 수 있을 거라고 했다면 말이다. 또 한 사람은 10년 전까지는 주일학교 교사로, 청년회에서 활동했지만, 믿음에 회의를 가진 뒤 가족을 떠나 세상 사람들과 친하게 지냈다. 그러나 지금 그는 다시 제자리로 돌아왔다. 그의 아내는 그와 함께 아침식사를 해달라고 사람들에게 요청하고 있다.

이렇게 극적일 필요는 없다. 누군가를 용서하고 다시 한 번 더 기회를 주기 위해 그를 변호해 주는 일은 매일 일어날 수 있는 일이다. 누군가 말실수를 해서 그 말 때문에 마음의 상처를 받은 사람과 화해해야 할 때, 즐거운 명절날 온 가족이 모여 식사하던 중 한 사람이 신경질을 부리며 자리를 떠났다가 엄하고 굳은 표정을 짓고 있는 가족들이 기다리는 식탁으로 다시 돌아가야 할 때도 있다. 또 동네 아이들에게 따돌림을 당한 아이가 다시 친구들과 어울릴 필요가 있을 때와 같은 일들은 우리 주변에서 흔히 볼 수 있다.

누군가에게 한 번 더 기회를 준다는 것은 바나바의 삶 속에서 볼 수 있는 두드러진 특징이었다. 그런데 나중에 보게 되겠지만 바울은 그 사실을 아마도 잊고 있었던 것처럼 보인다.

#3 : 기독교 역사에 큰 획을 그은 선교여행

바나바의 삶에서 가장 두드러진 세 번째 장면은 그의 선교 사역을 중심으로 한다. 예루살렘에서 바나바와 바울은 이방인에게 복음을 전파하러 가도록 함께 임명되었다. 그러나 그 일은 바나바의 선교여행이 아니라 바울의 1차 선교여행으로 알려졌다.

바울과 바나바는 함께 안디옥을 출발해서 로마의 해군 기지

였던 실루기아를 통해 수리아를 벗어난 다음 바나바의 고향인 구브로 섬으로 갔다. 거기서 그들은 그곳 총독이 회심하고, 한 박수가 갈등하는 모습을 목격했다. 그런 다음 지중해 연안에서 약간 떨어진 버가에 도착해 소아시아로 진입하게 되었다. 함께 동행하던 마가는 버가에서 그들을 떠나 예루살렘으로 돌아갔다. 그는 왜 돌아간 것일까? 두려워서, 의견 차이 때문에, 아니면 병이나서…, 그 이유를 아는 사람은 아무도 없다. 그러나 그가 그들을 떠난 일은 이 선교 여행이 끝난 후 두 지도자 사이를 갈라놓았다.

두 선교사는 계속 북쪽으로 가서 비시디아의 안디옥에 도착했다. 그곳 이방인들은 좋은 소식, 나쁜 소식의 시나리오를 기쁘게 받아들였지만 바울과 바나바를 쫓아내 버린 유대인들은 분명히 그들이 전한 소식을 거부했다. 그 후 두 사람은 동쪽을 향해 이고니온으로 갔다. 이고니온에서 그들은 결국 퇴짜를 맞고 말았다. 그들은 다시 루스드라로 갔고 앉은뱅이를 일으켜 세우는 일을 통해 신으로 인정되어 사람들의 갈채를 받았다.

그러나 안디옥과 이고니온에서 두 사람을 뒤쫓아 온 무리들이 바울을 돌로 쳐 거의 죽을 지경으로 만들어 놓았다. 다음날 바울은 기적적으로 더베까지 갈 수 있었고, 그곳은 선교여행의 서쪽 끝 부분이었다.

거기서 바나바와 바울은 방향을 돌려 그들이 이미 거쳐 온 루스드라, 이고니온, 비시디아의 안디옥, 그리고 버가까지 되돌아갔고 박해 속에서도 기뻐하는 그리스도인들을 다시 찾아가 격려한 다음 지중해 북서 부분을 지나 수리아로 돌아갔다.

여행을 마친 바나바와 바울은 이방인 회심자들이 좀 더 많은 유대인의 전통과 의식을(할례, 모세의 율법) 따라야 한다고 주장하는 사람들 때문에 생긴 문제를 해결하기 위한 공개 토론회에 참석했다. 또한 이방인들이 교회 안에 잘 정착할 수 있도록 돕기 위해 다시 함께 예루살렘으로 갔다. 그러나 예루살렘 공회를 마친 후 바울과 바나바는 서로 헤어졌다. 바나바는 마가를 선교 여행에 다시 데려가려 했지만, 바울은 첫 번째 여행에서 그들을 떠났던 마가를 다시 데려가려 하지 않았기 때문이다.

그 분열은 기독교계에 하나의 획기적인 사건이 되었다. 마가에 대해 이 두 위대한 사도들이 어떤 면에서 의견을 서로 달리했는지는 실제로 그리 중요하지 않다. 그의 성격이나 행동, 아니면 철학 때문이었는지 그것은 중요한 것이 아니다. 중요한 것은 바울과 바나바 두 사람 모두 지중해 연안의 수리아와 유대와 소아시아와 그리스와 유럽 남부 지역에 기독교의 횃불을 밝히기 위해 선구자가 된 지도자들로 남게 되었다는 사실이다.

그러나 두 사람이 서로 헤어지게 된 것 역시 하나의 지울 수 없는 사실이다. 한 사람은 세 번에 걸친 위대한 선교여행이라는 환상적인 일로 역사의 각광을 받게 되었으며, 또 신약성경의 수많은 서신서들을 기록한 저자로 명성을 얻게 되었다. 다른 한 사람은 일종의 패배자를 자기 팔로 감싸 안고 무대 뒤로 사라졌다. 우리는 이 두 사람이 구브로를 향해 떠나는 장면을 사도행전에서 마지막으로 보게 된다.

나는 바나바와 마가가 어떤 이야기를 서로 주고받았을지 상상해 보기를 좋아한다. 선원들이 지중해를 가로질러 구브로 쪽으로 불고 있는 부드러운 서풍을 타기 위해 돛을 올리는 동안 마가는 깊은 생각에 잠겨 있었을 것이다. 아마 배가 속도를 내며 달리는 동안 배 뒤쪽에 앉아 수면 위에서 갈라지는 물살을 바라보고 있었을지도 모른다. 예루살렘에서는 신앙의 거장인 그들이 방문했던 교회에서는 교부로 인정받는 두 사람 바나바와 바울 사이에 벌어진 일 때문에 기분이 엉망진창이 되었을 것이다.

마가는 정말로 몸이 아파서 참을 수가 없었거나 아니면 도저히 그들과 함께할 수 없는 자신의 철학적 입장이 옳은 것이었다고 해도 두 사람이 서로 다투게 된 책임이 자신에게 있다고 느끼지 않을 수 없었을 것이다.

나는 거품을 내면서 배에서 멀어지는 파도를 바라보며 앉아 있는 그의 모습 뒤에서 그와 그가 바라보는 파도를 삼키는 한 그림자를 그려본다. 마가 뒤에 서서 그 청년이 초대할 때까지 기다리는 바나바의 모습을 그려 볼 수 있다. 마가는 바나바에게 기운이 빠져 버린 자신의 심정을 고백하고 '좀 더 잘 판단했더라면 좋았을 텐데' 하고 후회 섞인 이야기를 털어 놓으며, 지금이라도 돌아가서 자기는 빼고 바울과 함께 다음 선교여행에 합세하는 것이 어떻겠냐고 제안했을 것이다.

바나바는 아무 말 없이 그냥 자기 조카를 바라보았을 것이다. 마가가 한 이야기에 토를 다는 대신 한동안 그저 옆에 앉아 바다를 내다보았을 것이다. 한참 후에 드디어 말문을 열고 다음에 해야 할 여행과 복음을 전하기 위해 사람들 속에서 살펴보아야 할 것들과 특정한 도시와 특정한 지역에서 자신들의 구체적으로 이루어야 할 목표들을 나눴을 것이다. 또 날씨에 대해서도 말하면서 어떤 옷을 가지고 가야 하는지 이야기 했을 것이다.

그런 다음 마가를 끌어안고는 배 앞머리로 갔을 것이다. 그리고 어린 동료가 했던 지난날의 실패를 다시는 입 밖에 꺼내지 않았을 것이다. 이것이 격려하는 사람이 일하는 방식이다. 과거의 실수는 과거로 묻어두고 다시 시작한다.

4 : 알려지지 않은 바나바의 삶

만일 성경에 포함되지 않은 남은 이야기가 있다면 그 이야기들 중에서 내가 읽고 싶은 부분은 바로 바나바에 관한 내용이다. 바나바가 마가와 함께한 사역에 대한 이야기를 듣고 싶다. 그리고 바울과 함께한 일에 대한 간단한 언급이나 칭찬, 아니면 문안 인사에 간단하게 요약된 내용 등을 통해 신약성경에 간간이 나타나는 사람들과 바나바가 함께했을 사역의 나머지 이야기들을 듣고 싶다.

마가와 함께 떠난 선교여행에서는 어떤 일이 일어났을까? 바울은 시실리아와 로마까지 갔다. 바나바는 흑해가 있는 소아시아 북부지역까지 나아갈 수 있었을까? 서로 다른 의견으로 헤어지기로 했던 결정을 통해 얻은 교훈들을 바나바와 마가는 어떻게 활용했을까? 마가도 기회가 한 번 더 필요한 사람들을 변호해 주는 바나바와 같은 사람이 되었을까? 결국 두 사람은 바울과 화해할 수 있었을까?

우리는 마지막 질문에 대한 대담을 알고 있다. 어느 때쯤인가 바울과 바나바는 서로 악수를 나누었고 각자의 일을 계속했다. 우리는 이것을 네 차례에 걸쳐 바나바를 언급하고 있는 바울의 서신서들을 통해 알 수 있다. 즉 바나바에 대한 언급과 바울이 자신과 바나바는 생계를 위해 일하면서 사역한 사람들이라고 주장한 내용과 예루살렘에서 바나바와 함께한 일에 대한 바울의 설명 등을 통해 알 수 있다. 바울은 그저 바나바를 자신의 좋은 친구이며 능력 있는 일꾼으로 생각했던 것처럼 보인다.

그러나 바울이 나중에 마가에 대해 언급한 것을 통해 우리는 그들이 화해했음을 분명히 알 수 있다. 바울은 세 개의 서신서에서 마가를 자신에게 유익이 되는 사람으로 자신의 동역자로 언급하면서 그에 대한 애정을 표현했다. 바울은 그 자신이 한때 변절자처럼 보였다는 사실을 잊고 있었던 것으로 보인다. 그러나 세월이 흐르면서 바나바가 얼마나 유능한 사람인지, 쓰다 버린 중고품을 주워다가 하나님께서 다시 유용하게 사용하실 수 있는 여지를 그가 어떻게 만들어냈는지 보게 되었을 것이다.

마가를 구출하려는 바나바의 노력이 없었다면 두 번째 복음서인 마가복음이 우리에게 전해질 수 없었을 것이다.

바나바는 그의 말년을 어디서 어떻게 보냈을까? 그는 더 이상 가망이 없다고 여겨지는 사람들이나 버림받은 신자들에게 한 번 더 기회를 줄 수 없다고 생각하는 사람들의 손에서 그들을 얼마나 많이 구해냈을까?

바나바는 1세기 교회 확장의 초기 단계에 기둥 같은 사람이었다. 또한 그는 많은 것을 잃어버리고 좋은 평판을 받지 못하는 사람들과 함께 하나님께서 하실 수 있는 일을 잇달아서 두 번이나 신뢰했던 사람이기도 하다. 자신의 사역을 쌓아올리면서 더 넓어지기를 구하는 대신 바나바는 한때 교회를 핍박하던 사람의 진심을 의심하는 사람들을 설득시켰다.

그 결과 20세기에 바울의 이름이 뛰어난 선교사로 존경을 받게 되었다. 그리고 실패한 한 젊은이를 비판하는 일에 바울과 함께 뛰어드는 대신 바나바는 마가가 다시 일어날 수 있게 도와주었다. 그 결과 결국 두 개의 선교팀, 즉 바나바와 마가로 이루어진 선교 팀과 바울과 실라로 이루어진 선교팀이 생기게 되었다.

바나바의 이름은 결코 크게 빛을 발하지는 못했지만 진정 복 있는 자의 삶을 살았다.

예수님은 팔복이라는 렌즈를 통해
사람들을 바라보셨다. 그리고 바나바도 그랬다.
사람들에게 난 이 '창문'을 통해
하나님은 그분 자신을 위해 다른 사람들에게
손을 펼 수 있는 사람들은 실패한 사람들,
한 번 더 기회가 필요한 사람들,
인생의 거센 바람에 쓰러진 사람들,
고통당하는 사람들일 것이라고 하셨다.
왜냐하면 그런 사람들에게는
팔복이 진리가 될 수 있기 때문이다.

03

바나바 방식
그리고 팔복

경영 책임자인 그녀의 책상엔 책과 서류철이 가득 쌓여 있어 겨우 글을 쓸 수 있을 정도의 공간만 남아 있다. 메모지 여백에는 에릭 코넬리Eric Connally라는 젊은 경영자에게 걸었던 수많은 전화 내용들을 날려 쓴 글들이 빽빽하게 적혀 있다. "그는 참 대단한 사람이다. 그는 사람들에게 친절하고 적극적이며 큰 그림을 그릴 수 있는 세밀한 사람이다. 계산에는 결코 실수하지 않으며, 실수한다 해도 곧 그 문제의 원인을 찾아낼 수 있는 진짜 일꾼처럼 보인다. 그의 상사들 중에 그의 흠을 지적하는 사람은 아무도 없었다."

그녀는 코넬리처럼 그렇게 완벽한 사람을 본 적이 거의 없다. 인재 스카웃 담당자인 그녀는 완벽한 사람들, 즉 진짜 다이아몬드들을 발굴해 내고 상당한 사례금을 받았다. 그녀는 지난 6개월 동안 자신이 일해온 회사에 코넬리가 좋은 인상을 줄 수 있을 것이라고 생각했다. 하늘이 맺어 준 완벽하게 어울리는 짝이 될 것이라 생각했다.

그러나 만일 이 스카웃 담당자가 바나바였다면 어떻게 생각했을까? 정말 그렇게 완벽하게 어울리는 짝이라 생각했을까? 완벽한 조화를 이루는 짝에 대해 바나바나 예수님은 좀 다른 지침들을 사용하는 듯하다. 실패한 사람들을 선택하고 큰일에 그들을 추천한다. 세상 기준으로 볼 때는 그리 뛰어나지 않은 사람들을 고른다. 그리고 과거의 성공이나 패배에 대한 기록은 현재 그들이 해야 할 임무에 대한 열정과 비교해 볼 때 그리 중요하지 않다고 그들에게 말해준다.

대부분의 스카웃 담당자들은 머뭇거리고, 실패하고, 생각이 자주 바뀌고, 자기 뜻을 쉽게 굽히고, 자신은 적절하지 않다고 말하는 듯한 지원자들에게서 달아나 버릴 것이다. 그러나 바나바는 그들을 향해 달려간다.

바나바가 사람들을 바라보는 기준

바나바는 보통 사람들과 사람을 보는 시각이 다르다. 그 이유는 예수님처럼 그도 다른 시각에서 사람들을 바라보기 때문이다. 그는 사람들의 과거가 아니라 앞으로 어떤 사람이 될 수 있는지를 보았다. 그는 어떻게 사람들을 그렇게 볼 수 있었을까?

산상수훈은 예수님께서 하나님과 사람들을 어떻게 보셨는

지 잘 보여 준다. 예수님의 제자이며 사도였던 바나바는 하나님의 눈으로 사람들을 바라보는 그 산상수훈의 진리를 배웠다. 산상수훈은 함정에 빠뜨리려는 사람들의 악행을 마음에 품지 않고, 원수와도 평화롭게 지내며, 남의 것은 절대로 탐내지 않고, 뺨을 치는 사람에게는 다른 쪽 뺨까지 돌려 대고, 해를 가한 사람들을 위해서도 기도하는 삶, 조금의 실수도 없이 온전히 율법을 따르는 완벽한 삶을 이야기하고 있다.

그뿐이 아니다. 도움을 필요로 하는 사람들에게 도움을 주고, 순전한 마음으로 예배드리며, 다른 사람들을 자유롭게 용서하고, 이 세상에 있는 그 어떤 것보다 천국을 소중히 여기며, 우리를 끝없이 돌보시는 하나님을 신뢰하고 있다. 또 다른 사람들을 판단하려는 자세를 멀리하고, 선한 열매를 맺고, 영원히 지속될 자질들을 지혜롭게 개발해 가는 사람의 그림을 그려주고 있다.

누가 이런 일을 완벽하게 할 수 있겠는가? 하나님과 그 분의 아들 외에는 아무도 없다. 산상수훈은 우리가 하나님처럼, 하나님의 아들처럼 되기 원하시는 모습을 담은 하나님의 그림이다. 그리고 우리는 그렇게 되어가는 과정 중에 있다. 우리가 그

과정 중에 있다면 하나님께서는 우리가 자신이나 다른 사람들을 어떻게 바라보기 원하실까?

그 대답은 산상수훈이 시작되는 팔복에서 찾을 수 있다. 우리는 부유하고 권세 있고 다른 사람들에게 영향력을 미치는 사람들을 복 있는 사람, 행복한 사람으로 생각하는 경향이 있다. 그러나 실제로는 그 정반대다. 하나님은 마음이 가난하고 애통해 하며 겸손하고 정직하고 온유하며 순전한 사람을 정말로 행복할 수 있는 사람으로 바라보신다.

이런 사람들 중에 500명의 지도자 명단에 포함될 수 있는 사람은 아마 그리 흔치 않을 것이다. 대부분 그런 자질들을 갖추고 있지 않은 사람들이기 때문이다. 그러나 환경 때문에 혹은 자존심을 내려놓았기 때문에 가난한 마음으로 살아가는 사람들의 명단에서, 실패를 경험하고 재난을 겪고 슬픔에 잠겨 애통해하는 사람들의 명단에서 그 이름을 볼 수 있을 것이다.

또한 친구나 다른 사람들을 짓누르고 위로 올라가려 하지 않는 겸손한 사람들, 옳은 일을 하는 것을 가장 소중하게 여기는 의에 주리고 목마른 사람들, 실패한 사람들과 한 번 더 기회가 필요한 사람들을 찾아가는 사람들, 때로는 기꺼이 패배한 사람 편에 서면서 화평을 구하고 의를 위하여 핍박받는 사람들의 명단에서 그 이름들을 볼 수 있을 것이다.

예수님은 팔복이라는 렌즈를 통해 사람들을 바라보셨다. 그리고 바나바도 그랬다. 사람들에게 난 이 '창문'을 통해 하나님은 그분 자신을 위해 다른 사람들에게 손을 펼 수 있는 사람들이란 부유하고 권세 있고 높은 지위에 있거나, 사람들의 인기를 사는 사람들이 아니라는 사실을 바나바에게 보여 주었다. 오히려 실패한 사람들, 한 번 더 기회가 필요한 사람들, 인생의 거센 바람에 쓰러진 사람들, 고통당하는 사람들일 것이다. 왜냐하면 그런 사람들에게는 팔복이 진리가 될 수 있기 때문이다. 그런 사람들이 복 있는 사람들이다. 그런 사람들이 하나님을 필요로 하는 사람들이며 다른 사람들에게 하나님을 전해 줄 사람들이다.

팔복을 실천하는 네 가지 원리

우리는 인생을 다른 관점으로 바라보는 바나바를 살펴보았다. 그는 하나님과 하나님께서 보이시는 반응을 그 마음속에

품고 사람들을 바라보려 했다. 예수님께서 사람들을 바라보셨
듯이 팔복의 가르침을 따라 사람들을 바라보려 했다.

그러나 그런 신념들을 어떻게 실천했는가? 팔복을 실천하
는 네 가지 일반적인 원리가 있다. 그 원리들은 서로 의존적이
다. 하나하나 따라갈 수 있도록 순서대로 나열되는 것이 아니
다. 하나로 합쳐 생각할 때 바나바가 살았던 방식이 된다.

위험을 무릅쓰다

바나바는 언제나 모든 '조건을 갖춘' 뛰어난 사람들의 명단
에(사울이었다가 다메섹 도상에서 경험을 했던 사람처럼) 속
하지 않은 사람들을 만날 준비가 되어 있다. 이 첫 번째 원리는
과거에 실패했거나 아니면 현재 어딘가에 소속되기에 어정쩡
해 인생의 한 쪽 구석에 홀로 서 있는 사람을 찾아가는 것을 뜻
한다.

바나바는 이런 사람들과 친구가 되라고 우리를 부른다. 그
것은 위험을 자초하는 일이 될 수도 있다. 다른 사람들과 맺은
우정을 위태롭게 하고, 의심을 받고 우리의 평판에 위험을 초

60

래할 수 있다. 아니면 마치 약간 정상적이 아닌 것처럼 보일 수도 있다.

전설적인 달라스 카우보이즈 미식축구 코치인 톰 랜드라이 Tom Landry가 전형적인 그 한 예가 될 수 있다. 1979년 봄 카우보이즈 연습장에 있던 그의 친구가 흰머리에 나이가 좀 든 신사 한 사람이 멀찌감치 떨어져 서 있는 것을 보았다. 그 신사는 손을 주머니에 넣고 땅바닥을 내려다보고 있었다. 그러다가 선수들이 연습하는 모습을 보려고 가끔씩 머리를 치켜들었다. 랜드라이의 친구는 그가 오하이오 스테이츠 버키즈를 맡았던 전 코치, 우디 하예스Woody Hayes가 맞는지 물었다.

하예스는 28년 동안 수석 코치를 맡으며 모든 주요 대학 미식축구 경기에서 최고 득점 기록을 올렸다. 그러나 그는 1978년 게터 볼 게임이 끝날 무렵 경기장으로 뛰어 들어가 공을 가로채 오하이오 스테이츠 팀의 패배를 확실하게 도장 찍은 클렘손 팀의 라인 백커linebacker를 두들겨 패주었다.

그 게임은 대학 미식축구 게임이었기 때문에 전국적으로 중계되었고 온 나라가 다 지켜보고 있었다. 그리고 전국 대학 스포츠 연맹에 속한 모든 코치, 행정 담당자, 대학 경기 임원들 모두가 비나 받을 만한 행동을 한 하예스를 책망하고 나섰다. 몇 주 만에 하예스는 대학에서 맡았던 모든 일에서 물러나야 했다. 가르치는 사람들에게 모범이 되어야 할 그가 화를 참지 못했기 때문이다.

랜드라이의 친구는 잘 믿어지지 않는다는 듯이 "저 사람 우디 하예스 아냐?" 라고 물었다. 랜드라이는 그의 클립보드에서 눈을 들어 흰머리의 노신사를 바라보았다. 그의 눈길은 연습하고 있는 라인맨들에게 잠시 동안 고정되어 있었다. 그러나 곧바로 맥없이 머리를 다시 숙였다.

랜드라이는 텍사스 액센트로 대답했다. "그래, 맞아. 우디야." 그리고 다시 자기 클립보드를 내려다보았다.

"그런데 왜 여기 와 있는 거지?"

랜드라이는 생각에 잠긴 듯한 눈길로 멀리 내다보았다. 그는 천천히 신중하게 대답했다. 그렇게 대답한 것은 질문한 사람의 마음을 상하게 하려는 것이 아니라 정보를 전달하기 위한 것이었다.

그는 이렇게 대답했다. "그는 맞아, 정말 큰 실수를 했지. 그렇지만 여기 와야 할 필요가 있었어. 누군가 그에게 한 번 더 기회를 주는 게 필요하거든."

미식축구 팬인 나는 TV 보도를 통해 하예스가 무너지는 것을 보았다. 나는 그가 한 일 때문에 마음이 상당히 심난했고, 그가 해고되어 스포츠계에서 매장되는 것이 당연하다고 생각했다.

그러나 랜드라이 코치는 바나바와 예수님을 알고 있었다. 그는 하예스에게 한 번의 기회가 더 필요하다고 믿었다. 그래서 그저 연습하는 것을 보러 오도록 그를 초청했다. 그것은 사람들에게 인기를 살 만한 일이 아니었다. 많은 사람들이 그에게 한 번 더 기회를 주어야 한다고 생각하지 않으리란 것을 잘 알고 있었지만, 그는 그렇게 했다.

낮은 자리에 기꺼이 선다

바나바 방식은 다른 사람들에게 기회를 한 번 더 줄 뿐 아니라 그들을 맨 앞에 서도록 밀어줄 수 있는 능력을 요한다. 다른 사람들 앞에서 칭찬해 주라. 인정을 받을 수 있게 해주라.

바나바는 실제로 예루살렘 교회 지도자들이 보기에 상당히 명예롭고 신뢰할 만한 위치에서 첫 번째 선교여행을 시작했다. 그리고 바울과 동등하게 사역했다. 그러나 바나바의 선교여행이란 말을 들어본 적이 있는가? 빳빳하게 다린 양복을 입고 직원들 앞에서 전화를 걸면서 사람들의 호감을 사고 싶어 하는 활동적인 경영자가 다른 사람들의 칭찬을 피하게 될 결정을 내리는 일은 거의 없을 것이다.

애석하게도 두 번째 자리를 기꺼이 받아들이는 자세를 그리스도인들 사이나 교회 안에서 거의 찾아볼 수 없다. 그리고 이 책에서 바나바가 영웅처럼 보이긴 하겠지만, 다른 사람을 앞자리에 서게 해주는 결정은 그에게도 그리 쉽지만은 않았을 것이다. 그러나 바나바는 "그는 흥하여야 하겠고 나는 쇠하여야 하리라"고 한 세례 요한의 말을 잘 알고 있었다.

우리의 삶 속에서 예수님께서 흥하실 때 우리는 쇠하기를 원하게 된다. 왜냐하면 우리가 다른 사람들을 자신보다 더 낫게 여기기를 주님께서 원하신다는 것을 알기 때문이다. 우리는 왜 '서로 우애해야' 하는가? 왜 '서로 존경하기를 먼저 해야' 하는가? 바나바의 방식을 따르기 위해 왜 이런 자질들을 꼭 갖추어야 할까?

한 번 더 기회가 필요한 우리들 대부분은 이미 우리 자신이 우리가 만나는 다른 사람들보다 더 낫지 못하다는 사실을 알고 있다. 우리에게 무엇보다 필요한 것은 다른 사람들이 공개적으로 우리가 한 일을 인정해 주는 것이다. 만일 바나바가 계속 맨 앞에 서서 무대의 중앙을 차지한다면 그가 데려온 사람들은 반짝이는 새 대신 녹슬고 오래된 날처럼, 하나님의 손에 들린 2군에 속한 도구들처럼 자신들을 보게 될 것이다. 바나바는 자신보다 더 앞선 자리에 설 만한 자질들이 그들에게 있다는 확신을 심어주었다.

자신이 누구인지 잊지 않는다

다른 사람들을 우리보다 앞자리에 설 수 있도록 밀어 주는 원리 바로 옆에 그와 비슷한 진리가 자리 잡고 있다. 다른 사람들이 우리를 높일 때 우리가 정말 위대하기 때문에 그런 평판을 얻게 된다고 생각해서는 안 된다.

지역적으로 또는 전국적으로 신문 잡지 편집 일을 해온 나는 운동선수나 정치가나 사업가 그 당사자가 아니라 다른 누군가가 그들에 대한 화려한 신문 기사를 쓴다는 사실을 잘 알고 있다.

나에 관한 기사도 마찬가지다. 즉, 다른 사람들이 나에 관해 이야기한 것은 공개적으로 내 등을 두드려준 것이다. 그런데 그들은 나만큼 나를 그렇게 잘 알지 못한다. 그들은 내가 얼마나 보잘 것 없는 존재인지 잘 모른다.

바나바와 바울이 지금의 터키 남단에 있는 루스드라란 도시에 갔을 때를 기억하는가? 그곳에서 앉은뱅이 한 사람을 고쳐준 일을 기억하는가? 소문이 말 그대로 파다하게 퍼져 나갔다. 사람들은 바나바를 헬라의 모든 신들을 다스리는 쓰스 제우스라고 불렀고 바울은 쓰스와 다른 신들을 대변하는 허메헤르메스라고 불렀다. 두 사람은 그 일로 흥분할 수도 있었을 것이다.

그러나 바나바와 바울은 자신들이 누구인지 확실하게 알고 있었다. 병은 하나님께서 고쳐 주신 것이다. 병을 고친 것은 자기들이 아니었기에 사람들의 반응에 몹시 분개해 그들은 옷을 찢었다. 그들은 영광을 받으려 하지 않았다. 바울에게서 이런 겸손을 거듭 볼 수 있다. 그리고 그것이 그가 그리스도인이 된 지 얼마 되지 않았지만, 지도자의 자리에 설 수 있었던 중요한 이유들 중의 하나였다.

그리스도인 사역을 공개적으로 하면서 다른 사람들이 우리에 대해 말하고 쓰는 내용을 믿는 것보다 더 큰 실수는 아마 거의 없을 것이다.

기독교 출판계에 몸을 담고 있는 나는 기독교 연예인들과 대중 강의를 하는 사람들뿐 아니라, 기독교 방송국에서 일하는 것으로 알려진 사람들과 함께 일하면서 불행하게도 유명한 사람들의 결점들을 많이 보게 된다.

그들이 받는 박수갈채는 가족이나 친구들이 말하는 사실에 훨씬 가까운 평판들보다 편지나 보도된 의견이나 방송 매체를 통해 멀리서 들려오는 평판들을 더 믿게 만든다. 균형감각을 잃은 사역자는 가까운 사람들의 더 객관적인 평가를 듣는 대신 그들을 '쓰스'와 '허메'라고 부르는 사람들의 목소리를 더 귀담아 듣는다. 그러나 보도된 기사를 믿는 것은 몰락으로 가는 길을 준비하는 것이다.

바나바 방식의 이 마지막 원리는 사실상 첫 번째 원리를 기억시켜 주는 하나의 신호와 같다. 마지막 모퉁이를 돌아 다시 출발선으로 돌아가는 것이 필요하다. 바나바 방식을 따라 여행을 마친 후에는 첫 번째 원리로 돌아가 다시 시작해야 한다. 그리스도의 제자가 되어 계속 그 길을 가는 것은 누군가의 삶에 우리가 일으킨 변화를 널리 알리기 위해 여행을 하는 것이 아니다.

우리의 도움이나 다시 한 번 기회가 필요한 사람은 늘 기다리고 있다. 바나바는 그렇게 했다. 예루살렘 교회 지도자들에게 바울을 변호하고 바울이 인정을 받을 수 있게 된 후 마가 문제가 생겼다. 바나바는 망설임 없이 마가 옆으로 다가갔다. 사도행전을 기록한 저자가 바울과 바나바가 헤어진 후 만일 바나바를 따라 동행했더라면 마가가 스스로 서게 된 후 바나바 옆에서 함께 걷고 있는, 격려가 필요한 또 다른 그리스도인을 보게 되었을 것이다.

하나님은 마음이 깨진 자를 사용하신다

바나바 방식의 네 가지 원리에 따르는 필연적 결과가 있다. 바나바가 그 결과를 좋아하지 않았을 것이라고는 생각할 수 없다. 왜냐하면 그가 계속해서 낮은 자리를 취했다는 사실을 우리가 알고 있기 때문이다. 그는 바울을 더 유능한 선교사로 세워 자기보다 앞서가게 해주었다. 그는 레위인이었으며 율법을 알고 있었다. 그러나 예수 그리스도를 위한 선교사역에 자신을 헌신하면서 그는 자신의 필요보다 교회의 필요를 먼저 생각하고 다른 사람들의 유익을 위해 자신의 땅을 기꺼이 내놓았다. 바나바는 기독교의 진보를 위한 일에는 연약함을 공유하는 일까지 포함해 무엇이든 했을 것이다.

마찬가지로 우리가 자신의 실패와 연약함을 나눌 때 실패한 사람들, 다시 시작할 기회가 필요한 사람들이 도움을 받게 된다. 다시 일어서야 할 사람들이 우리의 장점만을 보게 된다면 하나님께서 상한 것을 취하시고 고치신다는 사실을 알 수 없을 것이다. 그렇게 일하시는 하나님을 볼 수 없을 것이다.

이 필연적인 결과는 불가피하게 파손된 인간이란 '예술품'

이 다른 사람의 지지를 힘입어 원래의 상태로 회복되게 하시는 하나님께서 어떤 사람들을 사용하시는지 우리에게 알려 준다. 하나님께서는 일반적으로 마음이 깨어지는 경험을 한 사람들을 사용하신다.

하나님은 "모든 환난 중에서 우리를 위로하사 우리로 하여금 하나님께 받는 위로로 모든 환난 중에 있는 자들을 능히 위로하게 하시는" 분이다. 실의에 빠진 경험이 있는 사람들은 다른 사람들이 처한 비슷한 상황을 보고 동감할 수 있기 때문에 하나님께서 유용하게 사용하실 수 있다.

필립 얀시는 그의 책 <내가 알지 못했던 예수 The Jesus I Never Knew>에서 노숙자로부터 노스웨스턴 대학의 교수에 이르기까지 다양한 사람들이 모이는 시카고 시내에 자리 잡고 있는 라살 스트리트 교회에 대한 이야기를 하고 있다. 그 교회의 문은 사회적으로 존경받는 사람들뿐 아니라 중독자들과 '버림받은 사람들'을 위해서도 열려 있다.

그러나 그 교회는 문을 열어 주는 일 그 이상을 한다. 한때 마약에 중독되었던 밥Bob이라는 사람은 매주 화요일 밤 교회 지하실에서 모이는 알코올 중독 방지 모임을 매우 고맙게 여

긴다고 말했다. 그 모임 덕분에 밥은 예배에 참석하기 시작했
고 그리스도인이 되었다. 그 교회 사람들은 죄인들과 함께 아
파하는 사람들이었다. 그들도 그 자리에 있어 보았던 사람들
이다. 그들은 하나님께서 다른 사람들에게 또 한 번의 기회를
주시기 위해 모집한 사람들이다. 회심하기 전뿐 아니라 회심
한 후에도 우리 모두에게 필요한 기회를 주시기 위해서 말이
다.

어떤 모임에서 내가 잠시 만났던 한 부부는 선천성 심장 질
환을 앓다 세상을 떠난 아이의 죽음으로 큰 고통과 아픔을 느
끼고 있었다. 그들에게는 날마다 살아 있다는 것 자체가 힘들
게 느껴질 정도였다. 그 아내의 친척들은 별 도움이 되질 않았
다. 그들은 그저 "어려움을 극복해야 한다."고 말하며 부부의
심한 고통을 대수롭지 않게 여겼다. 그들의 그런 태도는 그 부
부에게 더 큰 고통을 안겨 주었다.

나와 그 부부는 몇 차례 더 만난 후 내가 열 살 무렵 맏형이
백혈병으로 세상을 떠났을 때 경험했던 고통을 이야기할 수
있는 기회를 갖게 되었다. 같은 경험을 공유하고 있다는 사실
은 우리에게 더 많은 대화를 할 수 있는 길을 열어 주었다.

마침내 그들은 그런 상실감에도 불구하고 내가 어떻게 하나님께 나아갈 수 있었는지를 알고 싶어 하며 관심을 보이기 시작했다. 만일 내가 형의 죽음이 가져다 준 슬픔과 그 이후 수년 동안 그 일로 인해 겪어야 했던 어려움을 이야기하지 않았더라면 그 부부는 내 신앙에 대해 결코 아무것도 묻지 않았을 것이다.

누구에게나 재기할 기회는 필요한 것이다. 그리고 실패와 고통의 길을 걸어 본 사람의 경험은 듣는 사람들에게 큰 도움이 된다. 다시 일어서야 할 사람에게 또 한 번의 기회를 주는 것은 예수님께서 언제나 중요하게 여기셨던 일이었다. 세상을 향해 나아갈 팀을 만드실 때도 그 일을 중시하셨다. 그리고 그들과 함께 세상을 바꾸셨다.

바나바 방식은 숫자에 약하다.
그래서 투자한 기도에 빠른 응답을
기대하는 사람들에게는
또 하나의 모순처럼 보인다.
축복 신학이 기대하는 것과는
정반대로 더하기와 곱하기는
전혀 보장받을 수 없으며
거의 경험할 수도 없다.
그러나…

04

보이는 것이 전부가 아니다

우리는 영적 생활을 위해 기도하고, 우리의 사역이 자랄 수 있기를 위해 기도한다. 나아가 국제적으로 잘 알려진 복음 전도자들처럼 하나님 나라 확장을 위해 큰 영향을 미칠 수 있도록 기도한다. 우리 자신과 하나님 나라를 위해 더 많은 자원을 얻을 수 있도록 기도하는 것이 우리가 해야 할 임무가 아닌가? 그리고 믿기만 한다면 우리의 삶이 그렇게 되리라고 기대해야 하는 것이 아닌가?

그러나 영적인 성공을 언제나 이 세상일을 판단할 때처럼 그렇게 판단할 수는 없다. 도움을 필요로 하는 사람, 또는 우리가 따로 시간을 내서 해야 할 일을 알려줄 사람을 만나게 해주시도록 기도하는 것은 얼핏 보기에 불합리해 보인다. 그러나 눈에 보이는 것이 전부가 아니다.

우리는 거울, 복음의 배달부다

이 세상에서 일어나는 가장 이상한 일 중의 하나는 하나님의 메시지를 사람들에게 전달하기 위해 하나님께서 우리를 선택하신다는 점이다. "인간은 거울, 또는 그리스도를 다른 사람들에게 전해 주는 '배달부'다." 우리는 다른 사람들이 우리 안에 있는 그리스도를 볼 때 자신들이 실제로 어떤 사람들인지 반사시켜 주거나, 아니면 기독교를 그들에게 전염시킨다.

나는 나 자신에 대해 알고 나서 하나님께서 구상하신 진리를 전달하는 시스템 중에 인간이 가장 약한 고리들 중의 하나라고 보게 되었다. 세상에 전해야 할 가장 중요한 메시지가 우리에게 있다면 그 메시지를 전달하기 위해 가장 효과적인 매체, 고도의 기술로 누구라도 이해할 수 있는 가장 쉬운 의사 전달 방식을 사용하려 할 것이다. 분명히 우리 같은 불완전한 피조물에게 맡겨 두지는 않을 것이다.

그런데 하나님은 그 방법을 선택하셨다. 우리에게는 그럴 수 없는 일처럼 보인다. 그렇게 하는 것은 우리의 합리적인 생각과 전혀 상반되는 일이다.

작가들은 이 역설을 다양하게 표현하고 있다. 유명한 영국 작가이며 신학자요, 철학자인 G. K. 체스터톤Chesterton은 한 에세이에서 하나님께서 진리를 '모두 뒤집어 놓으신 것'이라고 말했다. 또 다른 곳에서는 '인간의 해결 방법보다 훨씬 더 만족스러운' 수수께끼를 좋아하시는 하나님에 대해 이야기했다.

C. S. 루이스는 "우리에게 좋아 보이는 것이 하나님의 눈에는 그렇지 않을 수 있으며, 우리에게는 악하게 보이는 것이 하나님께는 그렇지 않을 수 있다."고 말했다. 또 "우리에게는 검은 것이 하나님께는 하얗게 보일 수 있고, 우리에게 하얀 것이 하나님께는 검게 보일 수 있다."는 것이 이 세상의 역설이라고 말했다.

한편 작가 로버트 패럴 케이폰Robert Farrar Capon은 예수님께서 말씀하신 비유와 복음 자체에서 볼 수 있는 하나님의 역설적인 결론은 당시 제자들이 물구나무 자세로 예수님을 바라보는 것과 같은 것이라고 말했다.

세 가지 역설적 이야기

작년에 몇 가지 역설적인 일들이 내게 일어났다. 나는 캘리포니아와 텍사스에서 자랐다. 두 곳은 서로 아주 달랐다. 그러나 성장기의 대부분을 텍사스에서 보냈기 때문에 친구들과 영원한 우정을 맺은 곳은 그곳이다. 내가 열 살쯤 되었을 때 사건 친구 중에 테드Ted 라는 아이가 있었다. 우리는 같이 나무에 기어올랐고, 자전거를 타고 골목길을 배회했다. 또 귀중한 물건들을 찾기 위해 쓰레기통을 뒤지기도 하고, 나무가 자라면서 생기는 V자 형으로 갈라진 틈 사이에 작은 나무판을 끼워 넣고 못을 박아 망대를 만들기도 했다.

좀 더 나이가 들어가면서 우리의 길은 V자 형을 이룬 나뭇가지들처럼 벌어졌다. 나는 스포츠 쪽으로 나갔고 테드는 다른 길을 택해 나갔다. 그리고 각자 패거리들이 생기게 되었다. 그러나 고등학교를 마칠 때까지는 서로 가까이 지냈다. 대학을 들어가기 전 마지막으로 보았을 때도 우리는 여전히 서로 다른 길을 걷고 있었다.

그러나 서로의 길은 다를지라도 우리 반 친구 몇몇은 크리스천 기업체에서는 일하지 않을 것이란 생각을 공유하고 있었다. 우리는 1970년에 졸업했다. 그때 대학가는 불안했고 전쟁을 반대하는 데모가 이어졌으며, 기독교인들이 활발하게 활동하고 있었다. 우리는 자신의 운명은 스스로 결정하는 것이라고 확신하면서 독자 노선을 택했다.

테드의 소식을 다시 듣게 되기까지 긴 세월이 흘렀다. 그 동안 나는 진정한 기독교에 대해 자세히 알아보고 나서 그것이 진리라는 것을 알게 되었다. 고맙게도 내 운명은 더 이상 내가 결정하는 것이 아니라는 사실도 알게 되었다. 결국 영어와 신학을 공부한 후 나는 기독교 출판사에서 일하게 되었다. 우리 시대의 뛰어난 많은 기독교 작가들과 함께 일할 수 있는 기회를 가질 수 있었다. 그들은 하나님의 진리를 이야기로, 영상으로, 개인적인 화술로 전달할 수 있는 사람들이었다. 나는 그전에 기독교가 왜 진리가 아니라고 생각했는지 지금은 이해할 수가 없다.

최근에 간접적으로 테드의 소식을 듣게 되었다. 나와 함께 작업한 한 작가에게 테드가 편지를 보냈다. 그 편지에서 테드는 그 작가가 최근에 출간한 책 서두에 언급한 편집자가 텍사스 북부에서 자란 사람인지 물었다. 그리고 그 작가는 그 편지를 내게 전해 주었다. 나는 테드에게 편지를 썼다.

테드는 상당히 힘든 길을 걸어왔다. 거의 목숨까지 잃을 뻔한 병을 앓고 있었다. 그리고 그 병을 억제하는 것으로 알려진 다양한 약제들을 복용하고 있었다. 그 약 없이는 살아갈 수 없게 되어 여러 가지 어려움을 겪고 있다고 했다. 테드는 기독교가 진리라고 확신하게 된 한 가지 사실만 빼고 유머 감각까지 여전히 옛날 모습 그대로였다. 테드는 자신이 편지를 보냈던 그 작가가 집필하고 내가 편집을 맡았던 그 책이 가장 좋아하는 책이라고 말했다.

역설은 이제부터다. 그 진리를 미리 알았더라면 테드와 나는 함께 지낼 수 있었거나, 아니면 적어도 서로 가까이 지낼 수 있었을 것이다. 또 하나님께서 기독교의 장점을 우리 두 사람 중 한 사람에게 확신시켜 주신 후 다른 한 사람을 설득하는 데 사용하실 수도 있었을 것이다. 그랬더라면 훨씬 더 효과적이고, 훨씬 더 직접적이었을 것이다.

이렇게 말하는 나는 지금 하나님께서 보시는 것처럼 보고 있지 않다. 왜냐하면 하나님은 위아래를 거꾸로 뒤집으신 다음 진리에 도달하시기 때문이다. 테드와 나는 거의 30년 동안 1,500마일이나 떨어져 있었고, 우리 둘 다 상대방이 여전히 잘못된 길로 가고 있을 것이라고 생각하고 있었다. 그런데 하나님께서 우리 두 사람을 다시 만나게 하셨다. 하나님은 그렇게 역설적으로 일하셨다.

두 번째 역설이다. 몇 년 전 점심 오찬에서 한 사람을 알게 되었다. 아니 그 사람이 나를 알게 되었다고 말해야 할 것이다. 마크Mark는 내가 별로 가고 싶지 않았던 그 모임에서 내내 혼자 서 있는 나를 보았다. 사업하는 사람들과 함께 초대된 상당히 어색한 점심 모임이었다. 추측컨대 사람들은 거기서 자신이 만나야 할 사람을 만나고 모두들 기뻐하리라고 생각했을 것이다.

그때를 돌아보면서 마크가 처해 있던 상황을 생각해볼 때 나는 그가 왜 그곳에 와 있었는지 잘 모르겠다. 그에게는 퇴행성 신경장애가 있었고, 운전할 수 없는 상태였다. 이따금씩 그는 불규칙적으로 몸을 움직였다. 그 오찬에서 그는 호감이 가는 사업 파트너라는 인상을 주는 사람은 아니었다. 오히려 전화로 하는 것이 훨씬 더 나을 뻔했다.

어쨌거나 나는 주머니에 손을 넣고 서 있었다. 마크가 다가와 이야기를 시작하기 전까지는 아무도(나를 초대한 사람까지도) 내게 다가오지 않았고 아무런 인사도 받지 못했다.

그날 나는 한 사람을 더 만났다. 그 사람은 마크가 소개해 준 빌Bill이라는 사람이었다. 빌은 마크처럼 키가 크지 않았다. 사실 그는 새우등을 하고 있었다. 머리는 한 쪽이 약간 기형이었다. 그리고 거의 속삭이듯이 말했다. 두뇌에 난 종양을 제거한 후 회복 중에 있다고 했다. 신경외과 의사는 빌의 아래턱뼈의 뒷부분을 제거하고 목소리에 영향을 미치는 신경들에 손을 대야 했다.

그러나 그것이 내게 따뜻한 인사를 건네는 데 방해가 되지는 않았다. 우리 세 사람은 사업가나 요령 있는 사업팀의 일원은 아니었다. 점심을 먹기 전 서서 이야기하고 있는 동안 우리 주변 대부분의 사람들이 멀찍이 떨어져서 이동하는 것을 보면 분명히 그렇다고 말할 수 있었다.

좋은 인상을 남기려면 가장 인상이 좋은 사람과 어울려야 한다고 생각한다. 마크와 빌은 그런 부류에 속한 사람들이 아니었다. 그리고 그 누구도 내게서 그들보다 더 좋은 인상을 받을 수는 없었을 것이다. 이것 역시 하나의 역설이다.

나는 나에게 검은 것이 하나님께는 하얀 것이 될 수 있고, 역으로 내게는 하얀 것이 하나님께는 검은 것이 될 수 있다는 사실을 발견했다. 그 후 나는 사업가들이 모이는 오찬에 다시 가본 적이 없다. 그러나 그때부터 마크와 빌과는 절친한 친구가 되었다.

세 번째 역설은 설명하기 어렵다. 때때로 나는 여전히 그 진리에 동의하기가 어렵다. 나는 그 일이 왜 그런 식으로 일어나야 했는지 의아했다. 다른 방법이 없었단 말인가?

아내와 내가 알고 지내는 한 가정이 10년 사이에 세 번씩이나 큰 어려움을 겪었다. 처음에는 그 집의 가장이 사망 원인을 정확하게 알 수 없는 상황에서 세상을 떠났다. 경찰은 그 범죄의 동기를 결코 밝혀내기 못했다. 그래서 그 가정은 '사고사'라는 용어를 알게 되었고 버림받은 듯한 느낌 속에서 분노했다.

그 뒤 몇 년이 지난 다음 막내아들이 미리 발견하기만 했더라면 치료를 받을 수도 있었을 병으로 세상을 떠났다. 가족들의 비통함은 점점 더 커졌다. 그 고통이 채 가시기도 전에 이번에는 큰 아들이 오레곤 해변에서 배를 타고 나간 뒤 사라졌다. 배는 해변가로 떠밀려 왔지만, 아들의 시신은 결코 찾을 수 없었다. 남은 어머니와 두 딸은 친구들과 친척들에게서 연락을 끊고 낙관주의나 하나님에 관한 이야기를 꺼내는 사람들은 모두 밀어내 버렸다.

그러나 지금 그들은 달라졌다. 두 딸 중 한 사람은 선교사로,

다른 한 사람은 한 교회의 기독교 교육부서 총무로 일하고 있
다. 어머니는 미국과 아프리카에서 사역하는 딸들을 찾아다니
며 딸들이 함께 살고 있는 사람들을 잘 섬길 수 있도록 돕고 있
다.

어떻게 이런 일이 일어날 수 있었겠는가? 세 사람의 이야기
는 다르지만 그 대답은 같다. 그들은 어려움을 겪으며 결국 그
질문에 대한 대답을 해줄 수 있는 유일한 분에게 '왜?'라고 질
문했다. 그들에게 돌아온 것은 비록 찾던 대답은 아니었지만,
하나님과 함께 보낸 시간들을 통해 다른 사람들의 삶에 영향
을 미치게 되었다. 그것이 진정한 신앙에 이르는 유일한 길인
것처럼 보이지는 않는다. 그러나 분명한 것은 이 땅에서 일어
나는 일들이 언제나 보이는 것이 전부가 아니다. 이것이 이 세
상에서 일어나는 역설이다.

물리학에서 나온 역설의 그림

이 땅에서 일어나는 일들이 언제나 보이는 그대로가 아니라
는 사실을 보여 주는 가장 좋은 예는 물리학의 세계에서 찾아

볼 수 있다. 알베르트 아인슈타인Albert Einstein은 원자 폭탄을 만드는 데 사용된 E=mc² 이라는 등식으로 표시된 상대성 원리를 발견했다. 아인슈타인은 물질은 아원자로 된 분자들로 구성되며 양자계에서 쉽게 흩어질 수 있는 형태로 서로 얽혀 있다는 가정 하에 연구를 시작했다. 그리고 그 당시 모든 사람이 그랬던 것처럼 그도 길이, 넓이, 높이의 세 가지 공간적인 차원과 시간이라는 4차원적 공간이 있다는 것을 믿었다. 이것은 우리 대부분이 학교에서 배운 것이기도 하다.

그러나 현재는 다른 사실들이 증명되고 있다. 분자를 우주의 물체를 이루는 가장 작은 입자로 보는 대신 지금은 우주를 이루는 기본 단위들이 줄들과 고리들과 진동하는 줄의 고리들로 구성되어 있다고 생각한다. 그래서 줄 이론String Theory이라는 물리학 이론의 새로운 이름도 생겨나게 되었다. 그리고 실체는 그보다 더 뜻밖인 것으로 드러나고 있다. 네 개의 차원 대신 열한 개의 차원이 있는 것으로 보인다는 것이다. 그리고 과학자들도 그 모든 것을 어떻게 다루어야 하는지 잘 모르는 상태다.

이렇게 분자에서 줄로, 4차원에서 11차원으로 달라졌다. 세상의 일들은 논리학이 우리에게 말하는 대로, 우리 마음이 원하는 대로 언제나 그렇게 돌아가지는 않는다. 세월이 흐르면서 우리는 더 많은 빛을 얻게 되고 때때로 더 많은 것을 이해하게 된다. 따라서 영적인 영역을 이해하는 데 논리가 언제나 들어맞는 것은 아니라는 사실도 보기 시작할 것이다.

바나바 방식은 숫자에 약하다. 그래서 투자한 기도에 빠른 응답을 기대하는 사람들에게는 또 하나의 모순처럼 보인다. 축복 신학이 기대하는 것과는 정 반대로 더하기와 곱하기는 전혀 보장받을 수 없으며 거의 경험할 수도 없다. 사역이 언제나 확장되거나 따르는 사람들이 언제나 배가되는 것도 아니고, 또 언제나 범위가 넓어지는 것도 아니다.

바나바 방식은 일반적으로 마이너스 1에 또 다른 마이너스 1이 더해진다. 그러면 정상적인 수학에서는 마이너스 2가 된다. 그러나 여기서 다시 역설이 시작된다. 자기가 가진 것이 불어나는 일이나 자신의 지경이 넓어지는 일에 관심이 없는 사람이 있다고 하자. 가공적인 저울로 달았을 때 그 사람이 0 이하로 내려간다. 그런데 다른 사람들을 위해 시간을 내고, 자신에게 마이너스처럼 보이는 사람, 즉 도움이 필요한 한 사람을 더한다면 그는 결국 무엇을 얻게 될 것인가? 바나바 방식에 의하면 플러스 2를 얻게 된다. 나는 이것을 '틀린 수학'이라고 부른다.

내가 조금 전에 묘사한 두 사람을 합하면 자력이 생긴다. 그들은 함께 걷고, 함께 상처 받고, 함께 잃는다. 그리고 마침내 함께 승리를 거둔다. 그들은 숫자상으로는 크지 않다. 그러나 두 사람이 같이 움직인다. 인상적인 숫자로 보이지는 않지만 뜻 깊은 만남이다.

한 케이블 TV 방송사를 은퇴한 밥 버포드Bob Buford가 이런 만남에 대한 글을 썼다. 그는 인생 전반기에 큰돈을 번 사람들, 큰 숫자를 다루는 사람들의 이야기를 했다. 나중에 그들은 자신들이 중요한 것 한 가지를 잃었다는 사실을 알게 된다. 그들이 잃은 것은 바로 사람들이었다.

그들 중 한 번에 한 아이를 도와주는 비결을 발견한 한 사람이 있었는데, 그는 시카고에 사는 밥 머지코프스키라는 보험 회사의 간부였다. 그는 시카고와 뉴욕의 저소득층 거주 지역에서 청소년 야구 연맹을 시작했다. 그는 한 번에 한 선수 또는 한 성인 코치에게 초점을 맞추는 그런 연맹을 만들고, 선수들이 자기 집에 머물며 학교에 다닐 수 있게 해주었다. 그리고 청소년 야구를 마치고 나면 대학에 갈 수 있게 해주었다.

하나님의 계산법

문제를 해결하는 데 역설은 그리 타당한 설명이 되지 않는 것처럼 보이는 세상에서 우리는 살고 있다. 설명할 수 없는 삶의 실체를 이해하기 위해 우리는 호기심을 선택하기도 한다. 왜냐하면 호기심은 그 어떤 경험적인 증거를 요구하지 않기 때문이다. 그러나 반대로 하나님께서 일하시는 예측할 수 없는 방법인 역설은 바나바와 예수님을 좀 더 잘 이해할 수 있는 길을 보여준다.

그리고 이 두 가지는 사람들이 하나님의 메시지를 퍼뜨리는 일을 진지하게 감당한다면 직접적이고 능력 있는 기도 형식을 통하기보다는 느리고 이상하게 보이고… 위아래가 뒤집힌 것처럼 보이는 방식으로 그 일을 이룬다는 사실을 증명한다.

팔복이 말하는 화평하고, 마음이 청결하고, 긍휼히 여기며, 의롭고, 온유하며, 애통해하며, 마음이 가난한 사람의 삶과 다른 사람을 돕기 위해 다가섰던 바나바처럼 사는 사람의 삶은 세상의 화려한 조명을 받지는 못한다. 그러나 하나님께서는 역설적으로 그런 삶을 통해 일하신다.

바나바의 길을 따를 때 얻게 되는 개인적인 유익은 하나님께 간구함으로써 놀랍게 응답해 주시는 선물과 비교해 볼 때는 비록 아주 작아 보일지라도 뜻밖의 영적인 유익이 될 수 있다. "팔복은 하나님 나라에서 지속될 것들 대부분이 지금 여기서도 우리에게 유익이 된다는 사실을 보여준다."

다른 사람들에게 다가가 동정심을 보이고 격려해 주는 바나바와 같은 사고방식을 가진 제자로 살아갈 때 얻을 수 있는 유익을 인기 있는 책이나 세미나들을 통해 찾으려 하는 사람들이 많이 있다. 그러나 그 유익들은 영적인 생활 속에서 그냥 얻을 수 있는 것들이다. 그런 유익에는 예상치 않았던 다음과 같은 것들이 있다.

- 물건 대신 사람들을 향한 새로운 관심
- 우리가 요구하지 않았지만, 하나님께서 주시는 복을 경험할 수 있는 기회
- 정서적인 건강
- 사람들이 회복되는 것을 보는 기쁨
- 다시 시작할 수 있는 기회를 얻은 신데렐라를 먼저 볼 수 있는 기회
- 사람들이 자신들의 행복을 발견할 수 있도록 도와줄 수 있는 기회
- 외로움에 대한 해결책
- 우리 삶의 목적을 순전하게 발견하는 비밀

하나님과 우리의 관계에 좀 더 초점을 맞출 때 따르는 또 다른 유익에는 공정하고 공평하신 하나님을 발견하고, 우리와 다른 사람들을 위한 하나님의 무조건적인 사랑을 경험하며, 하나님에 대한 잘못된 생각에 빠지지 않는 일 등이 더 포함된다.

바나바의 길을 따른다고 해서 모든 상황이 곧 달라지지는 않는다. 더 많은 돈을 갖게 된다거나 더 많은 사역을 하게 된다거나 삶의 질이 더 좋아질 것이라는 약속은 할 수 없다. 그저

특정한 기도를 단순하게 반복한다고 해서 이런 복을 받게 된다고 약속할 수 있는 사람은 아무도 없을 것이다. 더 이상 문제가 생기지 않을 것이라고 약속할 수도 없다. 무엇이든지 다 이해할 수 있을 것이라는 약속도 할 수 없다.

그러나 고통 속에 사는 사람, 소중한 것을 잃은 사람, 하나님의 위로가 필요한 사람, 친구의 지지를 받고 싶어 하는 사람을 매일 찾아간다면 복된 만남이 부족한 일은 없을 것이라고 약속할 수 있다. 매일 누군가 거기 있을 것이다. 그리고 당신은 그 사람에게 복이 될 것이다.

그들은 도움을 구하는 광고판을 몸에 걸치고 있다.
그들은 어느 곳에나 나타나고 어느 골목,
어느 거리에나 살고 있으며 어느 사회에서나
그 일부를 이루고 있다. 그들이 겪고 있는
어려움 때문에 언제나 우리의 손을 잡고
하나님 아버지께로 우리를 데려갈 준비가 되어 있다.
그들은 실패한 사람들이며, 패배한 사람들이다.
재난을 당한 사람들이며 도움의 손길이
필요한 사람들이다.

05

축복을 찾을 수 있도록 도와줄 사람들

로버트는 군대에서 해고를 당했다. 그리고 동시에 결혼 생활도 깨졌다. 그 이후 그는 술을 엄청나게 많이 마셨고 곧 이어 마약에도 손을 댔다. 가장 깊은 수렁 한가운데 빠져 허우적거리며 그는 내게 도움을 구하기 시작했다.

나는 그를 거의 5년 동안 알고 있었다. 그는 우리가 새로 이사 왔을 때 정착할 수 있도록 도와주었다. 나는 그 일을 결코 잊지 못할 것이다. 그러나 내가 그의 삶 속에 뛰어드는 것이 과연 어떤 도움이 될 수 있을지 확신할 수가 없었다. 그는 여러 차례 실패를 거듭했다. 그리고 이기적인 생각이겠지만, 그와 같이 끌려 내려가고 싶지 않았다.

그런데 내가 관여해야 하는 건지 아닌지 그가 내 대신 결정했다. 그는 약 일 년 동안 정기적으로 내게 전화를 했다. 오전, 오후, 밤에. 나는 내가 생각할 수 있는 여러 가지 격려가 되는 이야기들을 해주었다. 그럴 때마다 나는 나 자신도 절망과 우울한 마음과 막막함 속에서 씨름하고 있다는 사실을 인식하지 않을 수 없었다. 그리고 곧 우리 대화에 극적인 변화가 생겼다. 내가 그를 친구로 보게 된 것이다. 낙심되는 문젯거리들을 안고 있는 사람이 아니라, 나와 같은 한 사람으로 보게 되었다.

그리고 그의 문제들과 나의 문제들이 결국은 같다는 사실을 깨닫게 되었다. 그의 문제들은 사실상 모든 사람들이 겪는 문제들이었다.

우리 두 사람이 전화를 주고받는 것을 이상하게 생각하는 사람들도 있었다. 두 가족들 중에는 우리가 시간만 낭비하고 있다고 느끼는 사람들도 있었다. 로버트의 가족들 중에는 내가 딴 목적을 가지고 있을지도 모른다고 의심하는 사람들도 있었다.

그가 나와 우리 가족들과 함께 시간을 보내려고 왔을 때 몇 가지 새로운 염려가 생겼다. 실패한 사람들을 믿으려 할 때 흔히 벌어지는 그런 일들이었다. 의심스럽게 바라보는 사람들이 늘 있기 마련이다. 봄이 다시 겨울을 따라잡게 된다는 사실을 사람들은 잘 믿지 못한다.

지금 로버트는 행복한 결혼 생활을 하고 있다. 사랑스런 가정을 이루었고, 직장 생활을 즐겁게 하고 있으며 무엇보다 술이 아니라 하나님을 의지하며 살아가고 있다. 그때를 돌아보면 세상에서 술병을 가장 중요하게 여기던 사람에게서 내가 어떻게 도망치려고 했었는지 기억난다. 내가 그에게서 달아나지 못했던 것은 실패했던 내 경험에 대한 기억과 그가 나를 도와주었던 것을 외면하는 듯한 죄책감 때문이었다. 그리고 결국 그를 돕게 되었다. 며칠 전 우리 두 가족이 자리를 함께 했을 때 나는 우리 두 사람의 우정이 정말 멋진 바나바의 트로피가 되었다는 생각을 했다.

내가 만나고 싶은 사람은

하나님께서 어떤 사람을 만나게 해주시기를 기대하는가? 그 사람은 어떤 모습을 하고 있으며 어떻게 행동할 것이라 생각하는가?

친구가 되기에 가장 좋은 사람, 가장 총명한 사람, 가장 인상적인 사람, 가장 매력적인 사람을 만나게 되길 바라는 것은 자연스런 일일 것이다. 전혀 실패를 모르는 매력적인 사람들에게 끌리기 마련이다. 늘 변함없이 많이 읽히는 TV 잡지와 정기 간행물들은 연예인들과 그들의 가족에 대한 기사들을 거의 독점적으로 싣는다. 사람들은 그들에 관한 모든 것을 알고 싶어 하고 그들과 가까워지고 싶어 한다.

정치계 인사들의 경우도 마찬가지다. 데이비드 헐버스템 David Halberstam은 그가 쓴 『The Best and the Brightest』라는 책에서 베트남 정책 결정을 하면서 지휘 행정 당국보다는 인간의 지능을 철두철미하게 믿었기 때문에 저질렀던 실수들을 요약했다. 그 책은 존 F. 케네디 대통령의 '캐멀롯(아더왕의 궁궐이 있었다는 전설의 고을)'은 최고의 사상가들과 최고의 전략가들과 가장 능력 있는 정치 의사 결정자들과 나라를 통치했던 가장 매력적인 사람들을 끌어 모은다는 것을 전제로 하고 있다.

<The West Wing>과 같은 TV 연속물의 인기도가 증명해 주듯이 오늘날 많은 사람들이 그 당시를 동경하듯 바라보고 있다. 우리를 이끌어 줄 당당한 젊은 왕자들을 열망하고 있다. 그런 사람들이 우리 위에, 그리고 우리 가까이 있기를 바란다.

우리 이웃과 친구들 사이에도 비슷한 자성이 작용하고 있다. 우리는 산책을 나가 밤마다 이상하게 울어대는 이상 증세를 보이는 딸과 함께 집안에만 머물러야 하는 사람을 찾아가 그 집 현관문을 두드리기보다는 보트와 해변 별장을 가진 사람이 사는 집 앞에 멈추어 서서 그가 자기 보트를 씻어내는 동

안 그와 이야기하기를 훨씬 더 좋아한다.

중학교에서 학부모를 위한 모임을 주도하고 동네 파티를 주관하는 여성은 사람들에게 인기가 좋다. 그러나 혼자서 아이들을 키우며 저녁마다 집에서 한 시간이나 떨어진 호텔 주방에서 일해야 하기 때문에 이웃들이 함께 차를 마시며 이야기를 나누는 모임에는 한 번도 참석할 수 없는 외로운 어머니를 아는 사람은 거의 없다.

자기 집 앞마당 나무 그늘 아래서 취미 삼아 대형 오토바이를 부수고 친구 차의 엔진을 들어내는 부르스 윌리스Bruce Willis가 동네잔치에 참석할 때는 경호원들에게 둘러싸인 주지사처럼 보인다. 한편 성질이 괴팍하고 화를 잘 내며 아내의 팔에, 그리고 때로는 얼굴에까지 멍 자국을 만들어 놓는 것으로 알려진 조경사와 결혼한 여자는 그 잔치 자리에 마치 화난 듯한 얼굴로 혼자 서 있다.

친구가 될 수 있을 것 같은 희망을 보여 주지 않는 사람들을 그저 못 본 것처럼 무시해 버리고 싶은 마음이 들기 쉽다. 우리가 다가간다 해도 그들이 뒤로 물러날 것이다. 그러니 무슨 소용이 있단 말인가? 그 사람들은 끌어당기기보다 밀쳐낸다. 아니면 그런 상황을 만든다. 그들에게 너무 가까이 다가가면 아마 우리까지 끌어내릴 것이다.

그러나 그들은 도움을 구하는 광고판을 몸에 걸치고 있다. 마약을 복용한 죄 때문에 엄마 아빠에게 보석금을 부탁하기 위해 전화를 걸 수 있게 될 때까지 경찰서에 앉아 밤을 보내야 하는 십대 청소년들의 난감한 눈빛, 노부모를 좀 더 세심하게 돌볼 수 있는 환경을 조성해 줄 것을 부탁하기 위해 요양원을 찾아가는 가족들의 수심에 찬 눈빛, 끝없는 암 치료를 견뎌내야 하는 맏아들을 휠체어에 태워서 밀고 가는 한 가족의 슬픈 표정엔 누군가의 위로가 필요하다는 호소가 담겨 있다. 또 돈 쓰는 문제와 지키지 않은 약속, 직장에서 또는 학교에서 일어난 말썽으로 서로 마음이 나뉜 젊은 부부가 그 울화통을 집안에서 터뜨리게 될 때까지 뚝뚝 끊어지는 대화 언저리에 나타나는 분노….

이런 모습들은 성공적인 우정을 약속해 주는 긍정적인 신호들이 아니다. 그러나 이런 사람들이 우리를 하나님께로 데려 갈 수 있다. 우리가 한 손을 펴서 그들에게 내밀 때 그들이 필요로 하는 도움이 우리의 다른 한 손을 하나님의 손 위에 올려

놓게 만든다.

도움이 필요한 네 사람!

바나바와 예수님이 옳았다면 도움을 구하는 광고판을 들고 있는 사람들 중에서 적어도 네 가지 유형을 찾아볼 수 있다. 그들은 어느 곳에나 나타나고 어느 골목, 어느 거리에나 살고 있으며 어느 사회에서나 그 일부를 이루고 있다.

그들이 겪고 있는 어려움 때문에 언제나 우리의 손을 잡고 하나님 아버지께로 우리를 데려갈 준비가 되어 있다. 그들은 실패한 사람들이며, 패배한 사람들이다. 재난을 당한 사람들이며 도움의 손길이 필요한 사람들이다.

이들은 밖으로 뛰쳐나가 피라미드식 판매 방식으로 우리 밑에 이어질 사람들의 숫자를 늘려 주고 우리를 위로 올라가게 해주는 사람들은 결코 될 수 없을 것이다.

세상에 흔적을 남길 수 있는 열 사람의 용감한 군인들로 구성된 횡대에 줄을 설 수 있는 그런 사람들도 아니다. 그러나 신약성경은 이들이 예수님께서 선택하신 사람들임을 분명하게 보여 주고 있다. 예수님은 멋있고 능력 있고 힘 있는 사람들이 아니라 '이렇게 형편없는 사람들'에게 마음이 끌리셨던 것처럼 보인다.

우리는 모두 도깨비 같은 사람들이다. 이것은 단순한 진리지만 모든 사람이 다 수긍하는 것은 아니다. 우리가 도깨비 같기 때문에 다른 사람들과 진리와 하나님으로부터 멀리 떨어져 있다는 사실을 인정하지 않는다.

1995년 영화감독인 스티븐 스필버그Steven Spielberg와 디즈니랜드의 전 이사였던 제프리 카젠버그Jeffrey Katzenberg와 영화 제작자인 데이비드 게펜David Geffen이 거대한 연예 복합 기업을 만들기 위해 자신들의 재능을 한 지붕 아래 모았다.

첫 5년 동안 그들이 만든 드림 웍스 SKG사는 세 개의 만화 영화를 제작했다. 그중 하나는 개미에 관한 것이고 또 하나는 쥐에 관한 것이었다. 그리고 나머지 하나는 이 책 서두에서 언급했던 두 병사에 관한 키플링의 이야기와 상당히 비슷한 것으로 오래된 황금을 찾아가는 길에 관한 영화였다. 그 후 그 회사는 일 년 동안 만화 영화 제작을 쉬었다가 2001년 다시 <슈렉 Shrek >을 내놓았다.

영화의 주인공 슈렉은 도깨비다. 그는 늪지에 살면서 사람들을 놀라게 하고 이상한 음식을 먹으며 살았다. 그러던 어느 날 사악한 왕 파케드Farquaad가 자기 왕비로 삼으려 했던 아름다운 아가씨 피오나 공주를 납치해 간 마왕을 제거하기 위해 슈렉을 고용하게 된다.

왕은 공주를 구출해 오면 슈렉이 살고 있는 늪지에서 달갑지 않은 친구들을 제거해 주겠다는 약속을 했다. 그것이 그 보잘것없는 외롭고 슬픈 도깨비가 원하는 전부였다. 그러나 그 모험을 다 마치기 전 슈렉을 피오나와 사랑에 빠지게 되는데 그 둘 사이를 가로막는 단 한 가지는 그가 도깨비라는 사실이었다.

이야기의 내용을 자세하게 많이 하는 것보다는 피오나 공주가 자신이 슈렉과 실제로 그리 많이 다를 바 없다는 사실을 발견하게 된다는 이야기를 하고 싶다. 우리는 모두 도깨비 같은 사람이라고 말하는 대신 "우리는 모두 슈렉이다."라고 말할 수 있을 것이다. 우리 모두에게는 결점과 문젯거리들이 있다. 그리고 죄를 짓고 곤경에 처하고 실패하고 도움이 필요하다. 우리는 모두 슈렉이다.

그럼에도 불구하고 하나님께서 우리를 사랑하신다. 이 사실을 빨리 깨달으면 깨달을수록 우리는 사람들과 더 가까워지게 될 것이고, 사람들도 우리와 더 가까워질 것이다. 그러나 특별히 우리를 가장 필요로 하는 사람들과 더욱 더 가까워질 것이다. 그리고 역설적으로 들리겠지만 그들이 우리에게 가장 필요한 사람들이다.

바나바 역할을 가로막는 것들

내가 처음 맡은 일은 프리랜서 교정자들에게 맡긴 일을 관리하는 업무였다. 외주 작업을 감독하는 일에 내가 아주 뛰어난 것은 아니었지만, 작업량이 늘어나 우리 부서에서 일할 사람이 한 명 가량 더 필요할 정도가 되었다. 그리고 나는 이미 그 한 사람을 마음속에 생각하고 있었다.

마틴은 목수였다. 그는 내가 입사한 지 한 일 년쯤 지난 후 우리 회사가 구입한 작은 사무실로 이루어진 건물을 개조했다. 그는 단 두 번의 망치질로 판자에 못을 박아 넣을 수 있었다. 계량 도구 없이도 선반이 수평을 이루도록 설치할 수 있었다. 눈을 감고도 지붕널을 이을 수 있었다. 선교 사역에 자신의 목수 기술을 사용하기 위해 다른 나라들을 찾아다녔다. 그리고 다음 방문지를 결정할 때까지 건물 개조 작업을 하면서 체류했다.

일을 잠시 멈추는 동안 늘 손에 책을 잡고 있었다. 그리고 평소엔 혼자 시간을 보냈다. 그의 부드러운 사교적 재능이나 멋진 외모를 덮어둔 채 그는 외로운 사람이라는 평을 얻었다. 그러나 질문을 받거나 토론을 할 경우 그는 지혜롭고 의미심장한 대답을 했다.

나는 그가 두드리기를 기다리는 엄청난 지식 창고 위에 앉아 있는 듯한 느낌을 받았다. 나는 그와 함께 시간을 보내면서 우리 부서에 필요한 비평과 평가하는 재능이 그에게 있다는 것을 알게 되었다.

마틴은 사람들이 좋아하고 또 다른 분야에서도 자랄 수 있도록 우리 회사가 돕기 원하는 그런 유형의 사람이었기 때문에 상사는 내 선택을 긍정적으로 받아들였다. 내가 마틴에게 제안을 하기 전까지는 모든 것이 다 해결된 것처럼 보였다.

마틴은 자기 손을 내려다보더니 무릎 위에 포개 놓았다. 그리고 자리를 옮겼다. 나를 쳐다보지도 않고 내가 제안하는 일을 하기에 자신은 적절한 사람이 아니라고 말했다. 실제로 그는 자신이 내가 찾는 사람이 아니라고 확신하고 있었다. 나는 그와 논쟁을 벌이지는 않았다. 그러나 몇 차례 더 만난 뒤 마침내 그가 해야 할 일을 설명했다. 그리고 한번 해보겠다는 담을 얻어냈다.

삼 개월 내에 마틴은 우리 부서를 조직화했고, 작업 배분이 균등하게 이루어졌다. 물론, 전화로 특정한 사람들을 다루고 감독 책임자의 비난을 등 뒤로 흘려버리는 것을 배우는 일 등 내 도움이 조금 필요하긴 했다. 그러나 그는 매우 효과적이고 기술적인 평가를 할 수 있었다. 때문에 일년 후 내가 한동안 자리를 비워야 했을 때 마틴에게 맡겨둔 일에 대해 전혀 신경을 쓰지 않았다.

때때로 바나바의 역할을 성공적으로 하지 못하게 우리를 막는 것은 우리를 필요로 하는 사람들이다. 어떤 사람들은 시동이 걸릴 때까지 밀어 주지 않으면 자신들을 믿지 않는다. 그러나 대개는 셰익스피어가 썼듯이 "잘못은 우리에게 있다."

우리 중 많은 사람들이 바나바의 역할을 제대로 하지 못하는 것은 그런 기회가 있다는 것을 의식적으로 감지하지 못하기 때문이다. 그런 기회를 찾으려 하지 않는다.

우리는 바울과 디모데와 예수님과 모세에게 주의를 기울인다. 그러나 바나바는 어떤가? 성경을 가르치고 성경을 중시하는 곳에서 얼마나 자주 그의 업적을 주제로 한 토의를 하고 있는가?

바나바가 레이다 밑으로 빠져나가는 또 다른 이유는 그가 무대 뒤에서 소리 없이 일하는 역할을 맡기 때문이다. 그가 주연 배우나 신문의 제1면을 장식하는 인물들 중의 한 사람이 아니기 때문이다. 그러나 실수하지 말라. 바나바처럼 조용히 일하는 설교자와 교사와 행정가들이 너무나 많이 있다.

나는 자기가 속한 교단과 교회에서 예수님의 가르침을 전하는 선임 목사 한 사람을 알고 있다. 그러나 그가 스포트라이트를 벗어난 다음에는 노인들과 함께 시간을 보내며 그들에게 관심을 쏟고 있는 모습을 자주 볼 수 있다. 그 노인들은 사람들 앞에서 설교하는 목사와는 아무 상관도 없었다. 그들은 주일날에도 양로원에서 거의 나갈 수 없었고 교회에서 선거권을 행사할 수도 없었다.

그러나 그는 그들을 찾아갔다(우리는 그가 주차한 자리를 보면 그가 어느 양로원에 가 있다는 것을 언제나 알 수 있었다. 그는 건물의 현관 바로 앞 가까운 곳에 많은 주차 공간이 있더라도 정말로 그 공간을 필요로 하는 사람들을 먼저 생각하고 아무도 차를 세워두지 않는 곳, 건물에서 멀리 떨어진 맨 끝 쪽에 자기 차를 주차한다).

바나바가 보여 준 은사의 중요성과 그 필요성을 확신하지 못하기 때문에 그 은사를 개발하지 않는 사람들도 있을 것이다. 또 그 중요성을 확신한다 해도 그 은사가 조직화된 운동으로 확산되도록 사람들을 모아 가르치는 세미나를 개발한 사람이 아무도 없었기 때문일 수도 있다.

다른 사람들을 섬기려는 생각을 기초로 살아가는 사람들에게는 해야 할 일이 너무나 많기 때문에 발표나 강의, 티켓 등에는 신경 쓸 겨를이 없다.

바나바를 본받는 삶이 우리 개인의 명성에 미치게 될 영향을 우려하는 사람들도 있다. 실패한 사람으로 보이는 사람들은 우리를 당혹스럽게 하고 우리의 이미지를 손상할 수도 있다. 아무도 그렇게 되길 원치 않는다. 그러나 바나바 방식에 시간을 투자할 때 우리는 멀리 내다볼 수 있어야 한다.

내 친구 중에 마샤Marsha라는 여자와 오랫동안 함께 시간을 보내야 하는 집필 작업을 맡았던 사람이 있었다. 그 친구 이름을 루Lou라고 부르기로 하자. 그 일은 내 친구에게 상당히 힘든 일이 될 수 있었다. 왜냐하면 마샤는 뇌성마비를 앓고 있어서 신체적으로는 잘 움직일 수 없었지만, 마음은 매우 예리했기 때문이다.

그녀는 소리를 불분명하게 발음했는데 대부분 거의 잘 알아들을 수 없었다. 또 아무리 자제하려 해도 사지를 격렬하게 움직였다. 똑바로 걸으려 해도 술 취한 사람의 걸음걸이처럼 비틀거리며 흐느적거렸다. 고등학교와 대학을 졸업했고 글 쓰는 일을 평생 꿈으로 추구해 왔다.

어느 날 저녁 루는 마샤와 같이 아이스크림을 먹으러 나갔다. 그날 수고한 마샤에게 아이스크림을 사주면서 격려해 주고 싶었기 때문이었다.

아이스크림을 사서 마샤에게 건네주자 그때부터 통제하기 어려운 일이 벌어졌다.

마샤는 그날 한 일에 대해 흥분하기 시작했고 흥분하면 할수록 그녀의 상체 부분은 점점 더 많이 흔들리고 진동했다. 손에 아이스크림을 들고 있다는 사실을 잊은 듯했다. 아이스크림 가게에는 다른 손님들도 앉아 있었다.

어떤 사람들은 카운터 가까이 서 있었고, 자기가 원하는 아이스크림을 생각하면서 좀 떨어진 곳에 서 있는 사람들도 있었다. 순간적으로 모든 사람이 딸기 아이스크림 덩어리를 이마에 얻어맞지 않으려고 피하면서 머리를 숙였다.

결국 루가 마샤를 진정시켰고 마샤는 아이스크림을 든 손이 그저 약간 흔들릴 정도로 안정이 되었다. 그녀는 사람들을 돌아보며 놀이동산 같은 자신의 몸은 사람들에게 즐거움을 주기 위한 것이라고 하자 모든 사람이 웃어주었다.

최근에 다시 루를 만났다. 그는 기독교계에서 높은 위치에 있는 사람들과 함께 작업을 하고 있었다. 그러나 그는 마샤에 대한 이야기를 자주 했다. 그녀와 함께 일했던 시간들을 당황스럽고 부끄러운 것으로 생각하지 않았다. 오히려 그가 만날 수 있었던 좋은 사람들 중의 한 사람과 함께 보낸 시간으로 생각하고 있었다.

바나바를 필요로 하는 사람을 어떻게 찾을 수 있는지 묻는 사람들이 있다(그러면 나는 바나바에게 필요한 사람들이 누구인지를 묻는 질문을 추가한다). 그들은 어려움에 처한 사람들을 찾아가야 하느냐고 묻는다. 찾아갈 필요는 없다. 바로 우리 앞에 있기 때문이다. 그저 우리의 눈을 뜨는 것이 필요할 뿐이다.

실패한 사람들이나 낙오된 사람들을
격려하는 일이 바나바를 하나님께
더 가까이 이끌어 주었음을 알게 된다.
바나바 방식으로 다른 사람들을 도와줄 때
따르는 영적 유익은 그렇게 분명히
드러나지는 않는다. 그러나 그 유익들은
영적인 의미에서 중요한 만큼이나
이 땅에서도 중요하다.

06

바나바처럼 살면
어떤 보상이 따를까?

감동적인 영화 <루디Rudy>는 일리노이 주 줄리엣이라는 마을의 한 농가에서 자라며 언젠가는 반드시 노트르담의 파이팅 아이리쉬 팀의 미식축구 선수가 되리라고 결심한 루디 루에티거Rudy Ruettiger의 삶을 기초로 한 것이다.

그 영화는 실패를 딛고 일어선 사람들을 사랑하는 우리 모두를 위한 이야기다. 루디는 운동에도, 공부에도 별 재주가 없었다. 그러나 그에게는 노트르담 팀의 선수복을 입고 인디애나 사우스 밴드 경기장에서 게임을 해보고 싶은 열망이 있었다. 그의 아버지나 형제들도, 심지어 여자친구까지도 그에게 그런 기회가 올 것이라고 생각하지 않았다.

그러나 루디는 그 기회를 얻기 위해 그가 할 수 있는 모든 노력을 기울였다. 그는 노트르담 대학에 들어갈 만큼 학업 성적이 좋지 않았다. 그래서 평균 성적을 끌어올리기 위해 그 근처에 있는 좀 작은 학교인 홀리 크로스라는 대학에 입학했다. 그 뒤 루디는 노트르담 대학으로 편입하기 위한 신청 서류를 냈지만 거절당했다.

그는 차츰 지쳤고 빚은 늘어갔다. 가족과 친구들이 그에게 등을 돌려 버렸기 때문에 혼자 모든 짐을 다 감당해야 했다. 그를 보는 사람들마다 안타까워했다. 그러나 마침내 그는 노트르담 대학에 입학한다. 즉, 미식축구 팀을 향해 첫 발걸음을 내딛게 된 것이다.

루디는 노트르담 연습장에서 적격 테스트를 받기로 했다. 그 기간 동안에는 장학금을 받을 수 없었다. 또 아무 운동복이나 입고 아이리쉬 라인맨들이 게임 중간에 연습용으로 삼기도 하는 패드를 댄 허수아비 같은 역할을 해야 했다.

그런 연습을 하기 위해서라도 운동복을 입을 수 있다는 것은 루디와 같은 사람에게는 어쩌면 코치의 눈에 띄게 될지도 모른다는 희망을 갖게 해준다. 하지만 선수 명부에 자격을 갖춘 선수로 오르게 될 가능성은 거의 불가능한 일처럼 요원해 보였다. 고등학교 우수선수들을 노트르담으로 오게 하는 장학금은 루디와는 상관없는 것이었다.

그러나 여전히 루디는 연습할 때마다 신나게 임했고 최선을 다했다. 해가 바뀌어도 그는 90명으로 된 선수 명부에는 오르지 못했다. 경제적으로 너무나 어려워졌기 때문에 미식축구 경기장을 손질하고 가꾸는 일을 하지 않을 수 없었다. 집세를 낼 수 없었기 때문에 경기장 관리 사무소 안에 있는 간이침대에서 잠을 잤다. 성적을 유지하기는 홀리 크로스에서보다 훨씬 더 어려웠다. 가족들은 그와 인연을 끊었다.

그 뒤 루디가 드디어 선수 명부에 오르게 되고 푸른색과 금색으로 된 아이리쉬 팀 선수복을 입고 동료 선수들과 함께 노트르담 경기장을 꽉 메운 관중들 앞으로 달려 나오는 장면을 보면서 내가 느꼈던 감동은 아직도 생생하다.

루디의 아버지는 손을 가슴에 얹으며 자랑스럽게 말했다.

"저기 저 사람이 내 아들이에요."

코치가 루디를 게임에 나가 뛰게 한 것은 어처구니없는 일처럼 보였다. 그러나 그는 불행을 극복했고, 승리를 거두었다. 선수들이 승리자 루디를 그들의 어깨 위에 올린 채 경기장을 나가는 모습을 보고 감격한 우리는 눈물을 닦으며 울고 웃으면서 기뻐했다.

우리는 사람들이 패배를 딛고 승리하는 것을 보고 기뻐한다. 우리가 응원하는 팀을 보기 위해 경기장에 있는 것이 아니라면 우리는 갈 길이 가장 먼, 그리고 가장 열심히 달려야 할 팀을 응원할 것이다. 해마다 3월이면 농구 팬들, 또는 스포츠에는 그저 어쩌다 흥미를 보이는 사람들까지도 최상위 64개

대학 선수팀 중 어느 팀이 결승까지 올라가 최고의 명예를 얻게 될지 결정하게 될 NCAA^{National Collegiate Athletic Association} 토너먼트에 관심을 가진다.

그런데 최고가 되는 것과 견줄 만한 중요한 이야기가 있다. 그것은 신데렐라 팀, 즉 패자처럼 보이는 사람들이 얼마나 올라갈 수 있을 것인지에 대한 이야기다. 억만 달러를 투자한 스포츠 프로그램이 없는 프린스턴과 곤자가 같은 대학들이 추격해 올라간다. 우리는 그들에게 응원을 보내고 그들이 이기면 등줄기가 오싹해지는 걸 느낀다.

그 감격은 곧 실패한 후에 또는 아무도 기회를 주지 않을 때 그 어려움을 극복해 나가는 사람들, 특히 불행과 맞서 싸우는 사람들 곁에서 얻을 수 있는 유익이다. 그리고 바나바와 같은 마음을 가진 사람들에게는 그들이 다시 일어서는 것을 보는 것만큼이나 즐거운 일이 한 가지 더 있는데, 그것은 그들이 일어설 수 있도록 격려해 줄 수 있다는 것이다.

　사람들은 실패한 이들이 일어설 수 있도록 돕는 것을 물론 좋은 일이지만, 그런 바나바 방식이 자신에게 어떤 유익을 주는지에 대한 관심이 있을 것이다. 루디가 노트르담 팀의 선수복을 입고 경기하는 모습을 보면서 느꼈던 감동 외에 옆에서 응원을 보내는 바나바에게 구체적으로 어떤 유익이 있는가?

　2장에서 살펴본 바나바의 삶을 통해 우리는 팔복을 따라 사는 사람들에게 약속된 것처럼 실패한 사람들이나 낙오된 사람들을 격려하는 일이 바나바를 하나님께 더 가까이 이끌어 주었음을 알게 된다. 바나바 방식으로 다른 사람들을 도와줄 때 따르는 영적 유익은 그렇게 분명히 드러나지는 않는다. 그러나 그 유익들을 영적인 의미에서 중요한 만큼이나 이 땅에서도 중요하다.

　인간의 행동을 연구하는 사람들은, 심야 프로그램에 나와 정보를 주는 사람이 말하는 것처럼 삶의 동기가 우리 자신에 대한 확신으로부터 나오는 것이 아니라고 말한다. 또 전문가들은 사랑 받고 있다는 느낌과 소속감이 중요하긴 하지만, 가장 효과적인 동기가 되는 것은 아니라고 말한다.

전문가들이 하는 말을 간단하게 요약해 보면 인간은 사다리의 가로대처럼 자신을 끌어올려 주는 몇 가지 필요들에 의해 동기를 부여받는다는 것이다. 두 번째 가로대로 올라가기 전에 먼저 첫 번째 가로대에 놓인 필요들이 채워져야 한다. 그리고 세 번째 가로대로 올라가기 전에 두 번째 가로대에 놓인 필요들을 돌봐야 한다. 그리고 계속 그렇게 이어진다.

인간의 가장 절실한 기본적 욕구는 배고픔과 목마름이 채워지고, 신체적인 위험이 없는 안전한 곳에서 두려워하지 않는 것이다. 그 다음이 바로 우리 주위에 있는 사람들에게 사랑과 인정을 받고 싶은 욕구다. 그리고 그 다음이 자신에게 만족하고 주변 세계를 좀 더 이해하고 싶은 욕구다. 마지막으로 자신과 자신이 하고 있는 일에서 성취감을 찾는 것이다. 연구자들은 사람들의 삶을 관찰함으로 이런 욕구 단계를 찾아냈다.

그러나 가장 초월적이고 심오한 단계가 하나 더 있다. 우리를 궁극적으로 가장 기쁘게 해주고 가장 성취감을 느끼게 해주는 것은 다른 사람들이 행복을 찾고 바람직한 사람이 되도록 도와주는 것이다. 이 사실은 인간의 행동과 그 동기에 대한 연구를 기초로 하고 있지만, 바나바 방식과 매우 흡사하다.

바나바 방식이 다른 사람들을 돕기 위한 에너지를 공급해 주고 우리 마음속에 열정을 불러일으키는 연료를 제공해 줄 수 있는가? 다른 사람들뿐 아니라 우리도 유익을 얻을 수 있는가?

매일 도와줄 사람을 찾아야 하는 몇 가지 영적 이유들은 이미 살펴보았다. 그러나 그 일이 우리의 개인적인 성취감을 만족시켜 주는 수준으로 올라가게 되면 우리는 영적인 유익 외에 두 가지 큰 보상을 누릴 수 있게 된다. 많은 개인적인 보상들은 방금 전에 살펴본 욕구 충족의 단계와 일치한다.

일상의 삶, 새롭게 보기

바나바 방식은 삶을 바라보는 관점에 근본적인 변화를 불러올 수 있다. 사영리에 보면 자기 삶의 보좌를 하나님께 내어 드린 사람을 보여 주기 위해 의자 위에 십자가를 그려 넣은 그림이 있다. 또 하나의 그림은 십자가가 의자 아래 떨어져 있다. 그것은 자신의 삶을 자기 스스로 통제하는 사람을 보여 준다.

그는 모든 것을 하나님의 관점이 아니라 자신의 욕구와 희망과 필요를 통해 바라본다.

성공하고 싶은 마음과 돈을 따라가면서 하나님은 둘째, 셋째로 밀어내 버리는 후자의 그림이 자신의 삶의 방식이라고 인정할 사람들이 많이 있을 것이다.

그러나 바나바 방식을 삶의 지침으로 하는 사람은 도움을 필요로 하는 사람들을 계속해서 찾는다. 가족이 있는가? 아니면 혈혈단신인가? 이들은 도움을 필요로 하는 사람을 보면 새로 나온 스포츠카를 사려는 생각이나 옷장의 품위를 좀 높여보려는 생각이나 더 좋은 조건의 저당권 설정을 하기 위한 방법을 찾으려는 생각은 희미해진다.

이 책을 거의 마쳐가면서 나는 원고 마감일과 내 업무 일정과 가장으로서 해야 할 일들을 조정해 보려 했다. 드디어 약간의 서광이 비치는 듯한 순간이 찾아왔다. 그런데 그때 아내와 나는 동시에 다른 지역에 살고 있는 우리 친구 부부를 생각하게 되었다. 지난 2년은 사업적인 면에서나 개인적인 면에서 그들에게 몹시 힘든 기간이었다.

나의 다음 출장지는 그 친구들이 살고 있는 지역을 통과하게 될 것이다. 그리고 아내에게는 비행기를 자주 타는 사람들에게 주는 쿠폰이 있었다. 아내와 내가 서로의 일정표를 비교하게 되었을 때 우리는 네 사람이 자리를 같이할 수 있는 것이 거의 십 년 만이라는 사실을 알게 되었다.

우리는 그들에게 정말 격려가 필요하다는 사실을 잘 알고 있었다. 그때 마치 어떤 사람이 뾰족한 바늘로 내 머리 위에 있는 기상 관측 기구를 터뜨려 그 속에 들어 있던 내 계획과 일정과 기대들을 사방으로 흩날려 버리는 것 같았다.

바나바는 자신의 도움이 필요한 사람들을 보았을 때 망설이지 않고 일정을 바꾸었을 것이다. 사실 그는 아마도 오래 전에 일정을 바꾸도록 제안했을 것이다.

전화를 받는 친구의 목소리를 확인하면서 나는 "두 주 후 주말이면 괜찮겠어?" 라고 물었다. 바나바의 방식은 분명히 삶을 바라보는 방식에 변화를 준다(더구나 나는 내가 해야 할 일과 내 일정들을 따라잡을 수 있었고 가족들과의 시간도 지킬 수 있었다. 모든 일을 하기에 시간이 충분했다).

정신적, 감정적 건강은 이 땅에서 사람들이 원하는 목록의 가장 꼭대기를 장식한다. 그러나 1700만 명에 이르는 미국 성인들이 우울증을 앓고 있다고 한다. 낮은 자존감과 비관적인 견해와 같이 사람들을 우울증에 시달리게 만드는 감정적인 족쇄는 바나바 방식을 따르는 삶을 사는 사람에 의해 풀어질 수 있다.

왜냐하면 그는 언제나 주위에 있는 사람들에게 한 번 더 기회를 주고 그들이 행복해질 수 있는 길을 모색하기 때문이다. 우울증을 앓고 있는 사람들은 다른 사람들과 함께 활동하는데 어려움을 느낄 뿐 아니라, 종종 낙심과 슬픔과 무기력과도 씨름하고 있다는 사실 또한 흥미로운 일이다. 그런데 이런 우울증을 해결하기 위해서는 생각을 나눌 사람을 찾고 사회 활동에 참여해야 한다고 한다. 그런데 바나바 방식을 따르면 자연스럽게 사람들과 함께하는 삶을 살게 된다.

요양소에 있는 어떤 사람이 자신을 고통스럽게 하는 우울증을 불평했다. 그가 정기적으로 하는 일은 급히 식사를 마치고 자기 방으로 들어가 안락의자에 눌러 앉은 다음 자신이 그렇게 슬픈 이유가 무엇인지를 생각하는 것이다. 어느 날 자기 방으로 돌아가는 길에 옆방에 살고 있는 여자가 자기 방에서 식사하고 있는 것을 보았다. 그녀에게 호흡 곤란 증세가 있다고 말한 간호사의 말이 생각났다.

그녀가 모든 사람들에게 좋은 평판을 받고 있다는 것을 알고 그는 갑자기 그녀의 방에 들러 사람들이 그녀를 보고 싶어 한다는 말을 해주기로 했다. 처음에는 잠깐 들렀다. 그리고 그녀가 회복되어 다시 식당에서 식사할 수 있게 될 때까지 계속 찾아갔다. 그녀가 식당으로 돌아왔을 때 사람들은 그녀의 모습뿐 아니라 오랫동안 볼 수 없었던 그 남자의 눈 속에 들어 있는 희망의 빛을 볼 수 있었다.

이 이야기는 바나바 방식이 우리를 위해 해줄 수 있는 것을 보여 준다. 사람들이 일어서는 기쁨을 볼 수 있다. 사람들이 행복을 찾고, 다시 할 수 있기를 바랐던 일을 할 기회를 얻는 것을 보면서 날마다 새롭고 특별한 날이 될 수 있다. 그리고 우리가 격려해 준 사람들이 다시 일어서는 모습을 보는 것은 우리 눈 속에 희망의 빛을 실어 준다.

언젠가 우리는 바나바 방식을 따르는 것이 우리 자신의 삶의 목적을 충족시켜 준다는 사실을 마음속 깊이 깨닫게 된다. 왜냐하면 그것이 하나님께서 매일 우리를 위해 하시는 일과 같은 것이기 때문이다. 그리고 우리는 하나님을 다르게 보게 될 것이다. 불공평하고 불의를 당한 사람들을 도와주면서 하나님은 공평하고 의로운 분임을 보게 될 것이다.

우리가 요구하기 때문이 아니라, 우리 몸을 올바로 사용함으로써 하나님께서 복 주시는 것을 보게 될 것이다. 우리가 다른 사람들의 고통과 함께할 때 하나님께서 우리와 함께 계신 것을 알기 때문에 그분에 대한 환상을 깨우칠 수 있다. 그리고 하나님의 무조건적인 사랑을 느끼게 된다.

바나바 방식이 우리 삶의 방식이 될 때 우리는 다른 사람들에게 새로 시작할 수 있는 기회를 주게 된다. 동시에 삶에 대한 새로운 관점을 가지고 새로운 방식으로 대할 때 하나님께서 우리에게 새로운 깨달음을 주실 것이다.

신데렐라와 함께하기

바나바 방식을 따를 때 굴러 들어오는 복이 하나 더 있는데, 그것은 우리와 정말 함께 있고 싶어 하는 사람들과 함께 있게 된다는 것이다.

나는 이 마지막 유익을 붙잡으려고 달려들지는 않는다. 그

126

러나 이 사실을 분명하게 보여 주는 한 예가 있다. 얼마 전 어느 주일 날 나는 우리 교회 대예배실 밖에 서 있었다. 그때 교회 지도자들 중 한 사람이 멍한 표정으로 나를 똑바로 바라보며 성큼성큼 걸어오더니 그냥 내 옆을 스쳐 지나가 예배실 뒷문으로 사라졌다. 나는 그가 바빠서 그러려니 했다.

그런데 대예배실의 문이 다시 열렸고 내가 알고 있는 사업가 한 사람이 걸어 나왔다. 그의 눈길로 보아 그가 내 뒤에 있는 어떤 사람과 무슨 관계가 있다는 것을 알 수 있었다. 그가 "안녕하세요" 하고 웅얼거리면서 내 어깨를 스쳐 지나가는 동안 나는 그와 악수하기 위해 주머니에 넣고 있던 손을 귀찮게 꺼낼 생각이 없었다.

나는 도넛 모양으로 생긴 탁자로 가서 커피를 마시려다 이 책 4장에서 소개한 내 친구 마크를 만나게 되었다. 마크에게는 그의 신경 계통에 서서히 영향을 미치는 병이 있었다. 그는 그 부작용으로 팔다리를 우리보다 좀 더 심하게 움직였고, 운전을 할 수 없었다. 커피 잔을 들어 올리거나, 들고 있거나, 내려놓는 일이 쉽지 않았다. 그는 나를 보자 반갑게 인사했고 나와 악수하기 위해 커피 잔을 탁자 위에 내려놓으려고 안간힘을 다했다.

　마크는 예배 후 모든 사람이 찾아가는 그런 사람은 아니었다. 그는 장로도 아니었다. 지역 사회 활동을 많이 하는 사람도 아니었다. 그러나 주일 아침 차를 마시는 시간에는 주위에 몇 명의 사람들과 함께 있었다. 그는 나와 함께 있고 싶어 했다. 그리고 나도 그와 함께 있는 것이 좋았다.

　어느 날 밤 내 아내와 함께 일하는 사람들을 위한 한 연회석에서도 똑같은 일이 일어났다. 거기 모인 사람들은 모두 훌륭한 교사들이었다. 그런데 교직원과 교사들을 한 사람씩 알아가는 동안 특히 인상 깊은 사람이 있었다.

　쉐리Sherry는 2학년 아이들을 가르치는 독신 여성이었다. 그녀는 언제나 동료들과 함께 하는 즐거운 일에 참여했다. 혼자 있는 법이 없었다. 보통 의미 있는 일대일 대화를 나누었다. 그 모임에 참석했던 사람들 중에 그녀는 프로 하키와 다른 몇 가지 공통된 관심사들에 대한 이야기를 나누며 사람들과 함께 하는 동안 나를 가장 편안하게 느낄 수 있게 해준 사람이었다. 나는 개인적으로 그녀가 상당히 멋진 사람이라고 생각한다.

　쉐리는 유전적으로 성장을 느리게 만드는 랄슨 증후군을 앓고 있었고 그래서 키가 작고 팔다리가 짧았다. 그러나 기형은 아니었다. 다만 키가 120센티미터 정도 되는 작은 체구였다. 그러나 어딜 가나 그녀는 모인 사람들을 즐겁게 해주었다. 내 아내의 지난번 교직원 모임에서처럼 성탄절 축하 만찬 때도 그랬다. 그리고 이어진 무도회에서는 쉐리와 라렌이 폴카 춤을 추었다. 그리고 쉐리는 나와 함께 스윙 음악에 맞추어 춤을 추었다.

바나바 방식을 따라 살면서 몇 번의 트위스트 춤을 추게 되었는데, 그중 가장 별 볼일 없는 것이 신데렐라와 함께 춤을 추는 경험이다. 진짜 신데렐라 말이다. 그 경험을 하게 되면 다른 사람들은 어떻게 이렇게 아름답고 흥미진진한 사람들을 그냥 스쳐지나갈 수 있는지 이상하게 느껴질 것이다.

기독교의 성공 여부를
숫자나 큰일에만 초점을 맞춰
평가하면서 바나바 방식을
제한적이라고 주장하는 비판은
오히려 바나바 방식의 핵심적인
진리를 더욱 빛나게 한다.
그리고 그 진리는 외롭고
버림받은 사람들과 바나바가
위험을 무릅쓴 덕에 세워졌다.

07

바나바 방식을 비판하는 사람들

산다는 건 참 아이러니한 일이다. 때때로 원수처럼 보이는 사람들이 사실은 진짜 우리 친구들이다.

전갈을 예로 들어보자. 12센티미터 정도의 '죽음을 몰고 슬그머니 다가오는' 이스라엘 전갈의 독에는 두뇌에 종양을 일으키는 세포들을 찾아내 몸의 다른 어느 곳으로도 가지 못하게 막는 물질인 클로로톡신이라는 유독성 염소가 들어있다.

생명을 위협하는 이 치명적인 독소가 신기한 형질 변화를 통해 뇌종양의 한 형태이며 치료가 불가능하고 빠르게 사람들의 생명을 앗아가 버리는 신경교종이라는 병을 앓고 있는 25,000여 미국인들의 생명을 보존하는 물질로 바뀌게 되었다고 한다.

또 미국 동부에서 볼 수 있는 살모사도 있다. 그 독소에 들어 있는 단백질은 종양이 자라 퍼지는 속도를 현저히 떨어뜨린다. 그리고 그 독소가 실험 대상 동물들의 난소암과 유방암의 발생을 저지하는 역할을 한다는 것을 알게 된 의학계는 그 독소를 마치 새로운 친구처럼 보고 있다.

에쿠아도르에 서식하는 독침 개구리의 가죽에서 정제된 물질은 몰핀보다 200배나 효능이 높은 진통제다. 그리고 남아메리카에서 자라는 덩굴에서 채취한 큐라레라는 물질은 남미 인디언이 화살촉에 칠하는 독약으로 알려져 있기도 하지만, 또 근육 이완제를 만드는 데 사용되기도 한다. 톱니 모양의 비늘을 가진 독사의 독은 혈액응고 방지제를 만드는 데 사용되고, 홈이 있는 각종 독사의 독들은 놀랍게도 백혈구 안에 있는 물질처럼 활동하면서 세균성 감염을 막는 분자 합성체를 가지고 있다.

연구가들은 콜레라를 비롯해 포도상구균과 연쇄상구균과 살모넬라에 이르기까지 모든 세균들을 퇴치하는 데 그 독들을 사용할 수 있는지 알아보기 위한 연구에 착수하고 있다.

바나바 방식은 하나님을 제한하는가?

의학계는 원래 치명적이 될 수 있는 구조를 가진 물체가 변형되어 치료제나 의약품이 될 수 있다는 사실을 증명해 내고 있다.

큰 것이 더 나은 것이라고 주장하는 사람들의 비판도 마찬가지다. 그들은 바나바 방식을 따르는 삶이 하나님께 대한 우리의 신뢰를 제한하고 하나님의 가장 큰 기적을 구하지 못하게 막는 것이라고 말할 것이다. 이런 관점은 기도로 복을 받을 수 있다고 믿는 시대에 특별히 널리 퍼지게 된다. 바나바 방식이 어떻게 큰 꿈을 꾸고 더 큰 결과를 주시는 하나님을 믿도록 우리를 격려해 줄 수 있겠는가?

"바나바 방식은 간단한 기도로 엄청난 영향을 미치려 하는 대신 오히려 사람들을 인생의 좁은 골목길로 인도한다. 하나님께서 하실 수 있는 큰 기적으로부터 벗어난 길로 인도한다. 그것은 복음을 제한한다. 모든 그리스도인들의 손에 땀을 쥐게 하는 하나님의 계획을 방해한다."

이런 비판은 독약이 될 수 있다. 아니면 상황을 바꾸고 반전을 좋아하시는 하나님과 함께라면 오히려 상반된 결과를 불러올 수 있다. 그 비판으로 상처를 받아야 할 사람들을 오히려 강하게 만들 수 있다.

적절하고 진실한 비판은 그 어떤 철학 속에 있는 잘못도 지적해낼 수 있다. 바나바 방식을 따르는 것이 복음을 제한하거나 기적적인 기도 응답으로 채워진 열매 맺는 신자의 생활을 가로막고 그리스도 안에서 풍성한 삶을 부인하는 것이라면 그 방식을 따르는 것은 영적인 자살을 기도하고 이단을 추천하는 것이 될 것이다.

바나바 방식은 작은 것을 구하고 하나님께 작은 것을 기대하거나 아무것도 기대하지 말아야 한다고 말하지 않는다. 바울이 1차 선교여행의 50퍼센트를 감당했던 사람의 이름을 기억해야 할 필요가 있다. 그 동역자는 바로 격려자 바나바였다. 바울과 바나바는 1차 선교 여행에서 함께 일하면서 예수 그리스도의 메시지를 온 세상에 전하기 위한 방향을 잡았다. 그 여행 중에 부인할 수 없는 최상급의 기적들이 일어났다.

바나바는 그의 동료들 대부분이 생각할 수 있는 그런 큰 기적들을 하나님께서 일으키실 것을 믿었다. 그는 그리스도인들을 로마 제국에 넘기기 위해 열심히 찾아다니던 사냥꾼 같은 사람이었던 바울을 믿고 함께 일하는 위험을 무릅썼다. 그들이 행했던 기적들과 지금까지 이루어진 세계선교는 그 여행이 오늘날 진행되고 있는 그 어떤 선교사역보다 더 큰 '기대'를 품고 진행된 여행이었음을 말해 준다. 바나바는 믿음이나 담대함이나 다른 사람들의 삶 속에서 기적을 행하시는 하나님에 대한 신뢰가 결코 부족하지 않았다.

기독교의 성공 여부를 숫자나 큰일에만 초점을 맞춰 평가하면서 바나바 방식을 제한적이라고 주장하는 비판은 오히려 바나바 방식의 핵심적인 진리를 더욱 빛나게 한다. 그리고 그 진리는 외롭고 버림받은 사람들과 바나바가 위험을 무릅쓴 덕에 세워졌다. 그것은 교회 역사상 가장 중요한 지도자가 될 수 있었던 사람 가운데 비통함을 경험한 사람들을 소중히 여기셨던 예수님께서 보여 주신 진리이기도 하다.

비판은 한 철학 안에 뚫린 구멍을 지적해 낼 수 있다. "바나바 방식이 언제나 작용하는 것은 아니다." 맞는 말이다. 그 구멍은 예수님께서 이 땅에 오신 이래 우리와 함께 있어 왔다. 그리고 예수님께서 다시 오실 때까지 우리와 함께 있을 것이다.

예수님 옆에서 3년을 지낸 제자들 중 한 사람이 배반했던 사실을 기억하라. 다른 사람에게 성실하게 한 투자가 언제나 성공을 보장해 주지는 않는다. 모든 제자들의 삶 속에서 처음부터 끝까지 100퍼센트 성공을 주장할 수 있는 그리스도인의 생활과 제자도에 대한 유일한 접근 방법을 계산해 보면 그 답은 결국 0이 나온다.

그러나 모든 비난이 미치는 가장 흥미로운 영향은 그 비판을 한 사람의 주장이 잘못되었다는 사실이 드러날 때 그것을 알리는 표지 기사의 제목이 더 크고 더 굵어진다는 점이다.

아브라함 링컨은 대통령 직무 수행이 느리고 비효율적이며 교육을 받지 못한 그의 결함과 낮은 성장 배경으로 인해 행동이 천박하고 저속하다고 이야기하는 사람들이 많이 있었다.

그러나 역사가들은 그를 세계 최고의 대통령으로 인정하고 있다. 그리고 그러한 점은 그의 업적을 더욱 분명히 드러내 주었다. 그것은 또 이 책에서 예로 든 두 사람에게도 – 한때는 그리스도인들을 핍박했지만 나중에는 믿음을 지키고 그 믿음을 전하는 사람으로 신뢰받게 된 한 사람과 실패한 그리스도인 대변인이었지만 다시 일어나 나중에 마가복음을 기록한 또 한 사람 – 역시 마찬가지다.

하나님이 쓰시는 사람은

우리는 예수님에 대한 다양한 견해를 가지고 있는 것만큼이나 그리스도인에 대해서도 다양한 견해를 가지고 있다. 현대 작가들은 예수님을 정치 혁명가로, 막달라 마리아와 결혼한 마술사로, 카리스마를 지닌 갈릴리 사람으로, 랍비로, 비꼬기 좋아하는 유대인 시골뜨기로 묘사한다. 또 바리새파를 반대한 에세네파의 한 사람으로, 종말론적 선지자로, 히피로, 급성장한 환각 유발성 종교 지도자로 묘사한다.

프로 운동선수들 중에는 예수님을 수비 태클로 보는 사람들도 있다. 또 2루수가 1루수에게 공을 던지지 못하게 하려고 심한 슬라이딩을 해서 병살을 피해 보려는 야구 선수로 보는 사람들도 있다.

우리는 예수님의 이미지를 우리가 만들어 낸다. 그리고 우리가 원하는 대로 만들어 낸다. 우리는 고통에서 우리를 격리시켜 안전하게 보호해 주고 우리가 바라는 것을 모두 이루어 줄 그런 구세주를 섬기고 싶어 한다. 고난이나 가난을 견디며 살고 싶어 하는 사람은 아무도 없다.

2001년 3월 디스커버리 채널이라 불리는 한 TV 방송국은 가장 최근에 발견된 인간의 두개골을 기초로 예수님의 모습을 정확하게 재현해 줄 것을 약속하는 고고학에 관한 특별 프로그램을 진행했다. 그들이 발견한 인간 두뇌의 형상은 현대 백인보다는 네안데르탈인(낮고 평평한 이마와 두 눈 사이가 많이 벌어진)의 모습에 더 가까운 것으로 보인다는 것이었다. 그러나 예수님에 대해 우리가 그린 그림은 유럽인이나 미국 백인 남자를 닮은 모습이다. 디스커버리 진행자들이 제시한 모형은 마치 다운 증후군을 앓고 있는 사람들의 두개골처럼 보였다. 우리는 자신이 생각하는 대로 행동해 줄 뿐 아니라 믿고 싶어 하는 대로 생긴 외모를 가진 예수님을 만들어낸다.

그러나 바나바 방식은 하나님께서 사용하시는 사람들, 즉 재능 있고, 아름답고, 성공한 사람들에게 우리의 약점들을 드러내 줄 때 더 흥미로울 수 있다. 성직자이며, 작가이고, 멘토이며, 뛰어난 대학 교수였던 헨리 나우웬Henri Nouwen은 토론토에 있는 라르쉬 공동체인 데이 브레이크에서 그 생애 마지막을 보냈다.

그곳에서 그는 학문과 글쓰기와 연구에 어울리는 환경을 찾는 대신 라르쉬 데이 브레이크가 팔복의 가르침에 고무된 전 세계 사람들과 연결된 공동체라는 사실을 발견했다. 그곳을 관리하는 사람들은 정신박약 장애인 한 사람과 그곳에서 섬기기 위해 찾아온 자원자를 한 사람씩 짝지어 주었다.

나우웬은 심한 장애를 가지고 태어나 음식을 먹고 목욕해야 하는 일과 같이 건강을 위해 기본적으로 해야 하는 모든 활동까지 다른 사람의 도움을 받아야 하는 아담Adam이라는 젊은 이와 짝이 되었다.

아담은 사람들이 이해할 수 있는 문장으로 말할 수 없었다. 나우웬은 그를 돌보게 되었다. 그리고 나우웬은 자신이 알고 있는 그 어떤 사람보다 아담이 예수 그리스도와 더 깊은 교제를 할 수 있게 해주었다고 고백했다.

나우웬은 또 강의하기 위해 라르쉬 공동체에 속한 한 사람과 같이 여행했을 때의 이야기를 했다. 나우웬은 그가 하는 말에 상당한 관심을 보이는 사람들에게 한 시간 동안 강의를 했다. 그리고 같이 동행한 사람, 다운 증후군을 앓고 있는 한 사람을 소개했다. 그는 자리에서 일어나 하나님께서 자신과 거기 모인 사람들을 모두 사랑하시므로 그들도 서로 사랑해야 한다고 말했다. 그러자 나우웬은 일순간에 자신의 강의를 통해 기대하던 반응이 청중들에게서 나타나는 것을 볼 수 있었다.

하나님께서는 많은 사람들을 사용하신다. 그런데 그들이 언제나 우리가 가장 적임자라고 여기는 사람들은 아니다. 내게 가장 큰 영향을 미친 사람들 역시 가장 비판을 많이 받는 사람들이었다. 교회 성장을 위해 성도를 희생시키려 하지 않는 목사님과 사람들이 비난하는 자신들의 약점이 드러나는 것을 두려워하지 않고, 다른 사람들이 깨진 조각들을 맞출 수 있도록 도와주었던 한 가족이었다.

이 책은 누구를 위한 것인가?

이 책에서 나는 일인칭 단수 또는 복수(나, 우리)를 사용하면서 이인칭 대명사(너, 너희)를 피하려 했다. 왜냐하면 이 메시지는 우리 모두를 위한 것이기 때문이다. 내가 알고 있는 사람들 중에 이 교훈을 정복한 사람은 아무도 없다. 우리 모두에게는 아직 많은 개선의 여지가 남아있다.

실제로 이 책은 어려움을 어떻게 견뎌내며 예수님과 함께 극복해 나갈 것인지 이야기하고 있다. 잘 알려진 기독교 음악을 들어 보면 모든 노래가 하나님을 떠났다가 다시 돌아와 하나님과 함께 살아가는 주제를 다루고 있다는 사실을 곧 알게 될 것이다. 사람과 사람의 관계를 다루는 모든 노래 역시 이 주제를 이야기하고 있다.

어려움을 참고 견디라. 새로운 기회를 줘야 하거나 친구를 필요로 하는 이들, 아니면 둘 다 필요로 하는 사람들을 사랑하고 격려해 주는 바나바가 되는 것은 하나님과 함께 어려움을 견딜 수 있도록 우리를 도와준다. 그리고 우리는 종종 우리의 도움을 받은 사람들이 사실은 우리를 위로 끌어 올려준다는 것을 발견하게 된다.

다른 사람을 도우려고 손을 펴는 한 사람의 가치는 과대 평가될 수 없다. 이것이 바나바 방식의 골자다. 그리고 그 영향은 다른 사람들을 이용하거나 무시하는 게 아니라 오히려 도와주는 사람들을 보는 동안 우리 마음을 환하게 밝혀 준다.

아프리카계 미국인 기자이자 시인이며 교사인 페트리샤 레이본Patricia Raybon은 『My First White Friend』라는 책을 썼다. 그 책에서 그녀는 케리 먼로Kerry Monroe라는 백인 친구에게 쓴 편지를 소개했다. 케리는 콜로라도 노스글린 고등학교에 다니던 열네 살 때 페트리샤에게 다가왔다. 페트리샤는 케리가 있던 반으로 전학을 갔다. 그 당시 케리가 베푼 친절은 페트리샤에게 깊은 영향을 미쳤다.

❋　❋　❋

그때 내 옆에 와서 앉거나 나와 이야기하려는 사람은 아무도 없었어. 내게 손가락질을 하면서 수군대며 낄낄거리는 경우가 아니면 나를 바라보는 아이도 거의 없었거든…. 노스글린에서 맞이한 그 첫 주는 내게 마치 일 년과도 같았어.

점심시간에 네 명의 백인 남자아이들이 복숭아 통조림 조각을 내 머리 뒤에 던졌고, 그 끈적거리는 통조림 즙과 복숭아 조각이 덴버 미용실에서 예쁘게 펴 내린 내 곱슬머리에 달라붙었지. 식당에서 점심시간을 맡았던 선생님께 말씀드렸지만, 선생님은 그저 어깨를 으쓱하고 말 뿐이었단다.

나는 화를 내면서 내 머리와 목덜미에 달라붙은 복숭아 조각을 떼어내며 머리카락이 들뜨지 않도록 내 머리를 쓸어내리고 있었을 때 누군가 내게 다가왔지.

"안녕!"

출렁이는 노란 곱슬머리와 하늘색 눈동자를 가진 케리, 바로 네가 환한 미소를 짓고 있었어.

"너 새로 전학 온 거 맞지?"

그날 난 헝클어진 머리를 하고 있었는데 너는 못 본 것 같아. 그냥 내 옆에서 재잘거렸지. 무언가 널 운동장으로 나오게 했고 새

144

로 전학 온 아이 옆에 서게 한 것 같았어.

넌 내 카페지오 단화를 손으로 가리키며 "신발이 참 예쁘다."
라고 말했어. 그리고 "그 립스틱은 무슨 색이니?" "영어 선생님
맘에 드니"? "언제 노스그린으로 이사 왔어?" 등 여러 가지를 물
어 보며 내게 친절하게 대해 주었어. 넌 날 어려운 상황에서 구해
주었어. 케리야, 정말 고마워!

도움이 필요한 사람, 도움을 구하는 사람에게 우리가 다가
갈 때 무슨 일이 일어날지 우리는 알 수 없다. 아마도 하나님의
일이 이루어진다고 할 수 있을 것이다.

08

바나바 그리고 나

하나님께서 바나바를 특별하게 사용하셨다. 그런데 바나바는 완벽한 사람이 아니었다. 실패한 사람이나 갑작스레 인생의 격한 파도에 휩싸인 사람들을 도와주는 이런 모든 이야기들은 우리처럼 평범한 그리스도인들을 낙심하게 만들 수도 있다. 우리가 예수님처럼 되어야 한다고 말하는 것처럼 들릴 수 있기 때문이다.

그런 생각이 마치 이 글 배후에 슬로건처럼 걸려 있다면 이에 대한 해명이 요구된다. 우리가 예수님처럼 되어야 하는 것은 아니다. 그러나 우리처럼 불완전하고 결점을 지니고 있으며 제한된 능력을 가지고 활동했던 바나바처럼 되기로 결심할 수는 있다.

갈라디아서 2장 13절을 보면 1차 선교여행을 성공적으로 마친 후 동료들이 가하는 압력에 항복하는 바나바의 모습이 나온다. 그는 구세주에 대한 믿음 이외에 할례나 모세의 율법 등 어떤 것도 추가되어서는 안 된다는 복음의 진리를 알고 있었다. 그리고 소아시아 지역에 살고 있는 유대인과 이방인 모두에게 구원의 메시지를 전파하는 바울과 몇 개월을 함께 여행한 직후였다.

그럼에도도 불구하고 옛 유대인 동료들이 가하는 압력에 굴복하고 말았다. 무슨 일이 일어났는지 우리가 다 알 수는 없지만, 안디옥에 와서 믿음의 조건으로 할례가 반드시 포함되어야 한다고 주장하는 율법주의자들이 이끄는 논쟁에 베드로가 휘말려 들었다가 그들에게 굴복하게 된 것은 분명하다. 여기서 우리는 바나바뿐 아니라 베드로 역시 불완전한 인간이었음을 볼 수 있다. 그들도 회심 후 계속 실수했다. 바나바는 경건하면서도 결함이 있는 삶을 살았다. 따라서 그런 삶은 우리도 살 수 있다. 그러므로 바나바는 우리가 따라갈 수 있는 모델이다. 그는 너무 완벽해서 우리가 본받을 수 없는 그런 사람이 아니다.

그러나 이 책을 여기까지 읽어 내려온 사람들의 마음속에 일어나는 질문이 하나 있을 것이다. "바나바가 그런 모델이라면 왜 신약성경에 그를 닮은 사람이 그렇게도 적은 것인가?"

좋은 질문이다. 그리고 그들은 신약성경에는 왜 예수님과 바울과 같은 슈퍼스타들이 줄어들었는지 궁금해 할 것이다. 특히 사도행전 이후에는 더욱 그렇다. 사도행전을 지나 더 내려가면 실제로 신원을 확인할 수 있는 개인보다는 교회와 교회들에 대해 많은 글을 쓴 바울 한 사람밖에 두드러지게 나타나는 사람이 없다.

바나바처럼 신약 성경에 나오는 모든 사람들은 도움을 주는 사람과 낮은 자리를 취한 사람의 역할을 하면서 희미하게 뒤로 물러서는 것처럼 보인다. 신약성경을 읽는 사람들은 아마도 그 이유를 의아해할 수도 있을 것이다.

솔직히 말해서 중심 무대는 단 한 사람을 위해 만들어지고 있다. 요한은 그것을 이렇게 설명했다. "그는 흥하여야 하겠고 나는 쇠하여야 하리라". 오직 한 분만이 유일하게 그 자리에 서기에 합당하다.

신약 무대엔 예수님이 주인공

이런 진리를 알릴 수 있는 방법은 딱 한 가지밖에 없다. 이야기를 통해서 하는 것이다. 바나바처럼 살았던 사람들의 이야기, 다른 사람들을 위해 자리를 만들어 줌으로 자신들의 삶의 무대 중심에 예수님을 위한 자리를 만들었던 사람들의 이야기를 하는 것이다.

임금이 대답하여 가라사대 "내가 진실로 너희에게 이르노

니 ‘너희가 여기 내 형제 중에 지극히 작은 자 하나에게 한 것이 곧 내게 한 것이니라’ 하리니”. 이 구절에서 ‘나’는 누구를 말하는 것인가? 예수님이다. “내 형제 중 지극히 작은 자 하나”는 누구인가? 사람들이 알아주지 않는 사람, 아무도 관심을 가져주지 않는 사람, 인정받지 못하는 사람, 드러나지 않는 사람, 중요하지 않은 사람이다. 사람들의 호감을 전혀 받지 못하는 사람, 가장 불행한 사람, 우리도 이런 사람을 ‘지극히 작은 자’로 여긴다. 그들을 알아보는 건 그리 어려운 일이 아니다.

바나바처럼 사는 사람들

1930년대 필라델피아에 부모가 아니라 할머니의 보호를 받으며 자란 한 젊은이가 있었다. 그는 보통 대부분의 소년들이 관심을 가지는 일에 흥미를 느꼈다. 그러나 한 사람이 그에게 관심을 보이게 될 때까지 그는 교회에 대해서 생각해 본 적이 없었다. 발이 유난히 크고 행동이 약간 어색했던 그 사람은 그 소년을 믿어주었다. 그래서 매주일 그 소년은 그 사람이 가르치는 주일 학교로 가는 버스를 탔다. 그 사람이 보여 준 친절에 마음이 이끌린 소년은 서서히 그가 가르치는 내용에 점점 더 깊은 관심을 보이기 시작했다. 그리고 처음에는 드문드문 하던 성경공부를 점차 정기적으로 하게 되었다.

그는 자라서 신학교에 입학했다. 그리고 나중에는 신학교에서 가르치는 일을 하게 되었다. 그는 미국에서 가장 잘 알려진 지도자이자 성경교사가 되었다. 하워드 헨드릭스Howard Hendricks 박사는 달라스 신학 대학에서 기독교 교육을 지도하는 탁월한 교수이며 기독교 지도자 센터의 대표이다. 미국 내에서 앞서가는 교회들을 돌보는 수많은 목사들과 중요한 기독교 단체의 책임자들은 그들의 사역을 평생 섬기며 살게 된 것을 그의 덕으로 돌리고 있다.

교회는 유난히 발이 크고 어색하게 행동하는 필라델피아의 바나바 덕분에 이런 위대한 지도자들과 목사들로부터 유익을 얻고 있다.

목사이며 베스트셀러 작가인 찰스 스윈돌Charles Swindoll 역시 하워드 헨드릭스의 학생이었는데, 그를 격려해 주었던 바나바가 없었더라면 결코 사역자가 될 수 없었을지도 모른다. 어릴 때 그에게는 언어장애가 있었다고 한다. 그는 부끄러움을 많이 타고 사람들 앞에서 말하는 것을 힘들어 했다. 그런데 수업 시간에 친구들 앞에서 발표할 기회를 그에게 주지 않고는 지나가지 못할 만큼 그를 배려해 주고 어려움을 극복하도록 격려해 준 교사를 만나게 되었다. 그래서 그는 그 어려움을 극복할 수 있었다.

나를 거쳐 가며 나의 바나바가 되어 주었던 한 사람은 아마 자신이 내게 어떤 영향을 미쳤는지 기억하지 못할 수도 있을 것이다. 그러나 그 영향은 매우 컸다. 나는 그를 위해 일하거나, 그 밑에서 가르치거나, 그와 함께 한 단체에서 같이 섬겨본 적은 없다. 그는 틴델 하우스 출판사의 설립자이며 이사장인 켄 테일러Ken Taylor다.

기독교 출판계에서 켄은 출판 연차 총회를 대부분 다 참석하면서 기독교 출판사를 위해 일하는 사람들을 조용히 격려하는 사람으로, 자갈이 부딪히는 것 같은 목소리를 가진 노신사로 알려져 있다. 출판인으로서 그의 시작은 불안정했다.

그는 20개의 출판사에 자신의 '살아 있는 편지들'로 된 얇은 책(자신이 의역한 신약성경을 그는 그렇게 불렀다)을 보여 주었지만 모두들 고개를 돌렸다. 그래서 자신이 직접 출판할 수밖에 없었다.

그러나 지금은 그 살아 있는 편지들과 짝을 이루는 구약성경까지 더해져 가장 많은 사람들이 사용하고 있으며, 틴델 하우스 출판사의 초석이 된 〈리빙 바이블 The Living Bible 〉이 탄생하게 되었다. 그리고 1990년대 후반에는 기독교 출판계에서 나온 가장 널리 읽히는 책, 세계 종말에 관한 연재소설 〈메시지 Left Behind 〉를 출판했다.

그러니까 켄 테일러는 성공한 것이다. 그러나 그의 성공 자체가 내게 영향을 미쳤던 것은 아니다.

처음 출판 일을 하면서 나는 이겨낼 수 없을 것 같은 몇 가지 어려움에 부딪혔다. 그 어려움을 마음에 품고 나는 전국 도서 박람회에 참가했다. 그해 여름 나는 편집자의 역할을 계속해야 할지, 아니면 회사를 바꾸어야 할지 잘 알 수가 없었다.

박람회 첫날 아침, 호텔 식당으로 내려가는 엘리베이터에 올랐다. 식당은 이미 박람회에 참가한 사람들로 복잡했다. 카운터 쪽으로 고개를 돌린 나는 거기 빈 의자 몇 개가 있는 것을 보았다. 그래서 그중 하나에 올라앉은 다음 그 당시 내 삶의 특징을 보여 주듯 카운터에서 혼자 식사하기로 했다.

주문한 아침 식사가 나오길 기다리며 식당을 둘러보았다. 테이블마다 대여섯 명의 사람들이 둘러앉아, 판매 계획이나 하룻밤 사이에 갑자기 등장한 대리점과의 새로운 관계에 대해서 혹은 나흘 동안 박람회를 이끌어갈 강사들에 대한 이야기들을 나누고 있었다.

웨이트리스가 가져 온 시리얼로 시선을 돌리려다 식당 앞쪽에서 나를 뚫어져라 쳐다보고 있는 한 신사를 보게 되었다. 그는 내게로 걸어와 옆에 있는 의자 위에 걸터앉으며 웨이트리스에게 토스트와 오렌지 주스를 조용히 주문했다. 그녀가 떠나자 그는 내게로 몸을 돌리더니 악수를 청하며 자기 이름을 말했다. 그 소리가 너무 작아서 나는 알아들을 수가 없었다. 그러나 그는 진지했고, 예의를 갖추어 친절하게 행동했다.

잠시 후 나는 그와 별별 이야기를 다 하고 있는 내 자신을 발견하게 되었다. 나는 결국 가명들을 써가면서 내 문제를 그에게 털어놓고 어떻게 해야 하는지를 물었다. 그는 내 상황에 맞는 성경구절로 나를 격려해 주었고, 결론적으로 주님께서 나를 얼마나 사랑하는지 알려주며 간단하게 마무리를 지었다.

아침 식사가 끝나고 우리는 헤어졌다. 나중에서야 나는 그의 말을 잘 알아들을 수 없었던 이유를 알게 되었다. 그가 바로 성대에 문제가 있는 켄 테일러였기 때문이었다. 나는 <리빙 바이블>의 역자이며 출판계 거장 중의 한 사람과 같이 식사했던 것이다. 그런데 그는 자신이 어떤 자리, 어떤 지위에서 일하는지 전혀 언급하지 않았다. 그날 아침 나는 기도했다. 그리고 하나님께서는 바나바를 보내셨다.

10년 후 다시 같은 일이 벌어졌다. 공항에서 비행기를 기다리고 있었는데, 몸이 마르고 머리 숱이 적은 한 신사가 다가와 내 옆자리에 앉았다. 이번에는 그가 누군지 대번에 알 수 있었다. 그러나 그는 그 이야기를 하고 싶어 하지 않았다. 그저 내가 어떻게 지내고 있는지, 내가 기대를 가지고 일하고 있는 책들에 관해, 그리고 일이 잘 되어가고 있는지 알고 싶어 했다.

바나바의 자세를 가진 모델을 매일 볼 수는 없다. 그러나 그 정반대인 사람들은 언제나 보게 된다.

이 장을 쓸 무렵 나는 집으로 돌아가기 위해 미시간에서 비행기에 탑승하고 있었다. 비행기 입구로 이어지는 복잡한 통로에 가방을 들고 서서 우리 몇 사람은 날씨에 대한 이야기를 나누고 있었다. 폭풍우 때문에 비행기 몇 대가 예정대로 이륙하지 못한 금요일 오후 공항 터미널은 거대한 고객 서비스센터가 되어 있었다. 여행객들은 항공권을 반환하고 다른 비행기의 자리를 구하려고 서로 밀치며 야단법석이었다.

나는 내 뒤에 서 있는 한 아가씨에게 집으로 돌아가는지 아니면 여행을 떠나는지 물었다. 맞춤복 정장을 세련되게 차려입은 그녀는 여행 중이라고 당당하게 말했다. 기독교 배경을 가지고 있는, 그곳에서 가까운 대학을 다녔다고 해서 "전공으로 무슨 공부를 했느냐"고 물었다. 그녀는 정치학과 사회학을 공부했다고 말했다. 그때 우리는 앞문을 통해 비행기 안으로 들어서고 있었다. 가방 줄이 의자 팔걸이에 걸리지 않도록 조심하면서 내 검정색 가방을 밀며 들어갔다.

"정치계로 나갈 것처럼 들리네요." 접을 수 있는 손잡이를 가방으로 밀어 넣으며 내가 말했다. 그리고 '정치계에도 그리스도를 드러낼 수 있는 이 아가씨 같은 사람들이 필요하지'라고 생각했다.

"워싱턴 D.C.로 가서, 거기서 일하고 싶어요. 그리고 언젠가 거기서, 가장 영향력 있는 사람이 되고 싶고요." 그녀는 진지하게 말했다. 나는 하마터면 가방을 떨어뜨릴 뻔했다.

우리 젊은이들과 사업가들, 또 예수님과 바나바를 따르는 사람들이 아니라 대통령이나 국회의원들에게 지침을 구하는 이 세상의 지도자들에게서 일종의 그런 비슷한 말을 듣게 될 것이다. 그러나 바나바의 이미지와 그리스도의 영을 매일 불러일으키는 사람들도 있다. 찾기만 한다면 우리는 그들을 만날 수 있다.

나는 그 여행에서 기억에 남는 또 한 사람이 있다. 결혼한 적은 없지만 입양한 세 명의 아이들과 함께 살고 있는 한 여성과 이야기를 나누었다. 그 세 아이는 모두 정신지체아였다. 왜 아이들을 입양했는지 물었다. 그녀는 자신이 데려다 키우지 않으면 그 아이들은 결코 진정한 가정에서 살 기회를 갖지 못하게 될 것을 알고 있었다. 그녀는 그 아이들에게 다른 사람들은 주지 않았던 기회를 주었다. 왜냐하면 주님께서 그녀가 그렇게 하기를 바라고 계실 것이라고 생각했기 때문이다. 그녀는 살아 있는 바나바였다.

나는 다운 증후군 증세가 있는 두 자녀를 둔 한 가정을 알고 있다. 그들은 나중에 그와 비슷한 장애를 가진 두 아이를 더 데려다가 키웠다. 어떤 사람이 내게 그 부부에 대한 이야기를 들려주었을 때 나는 그들이 왜 장애를 가진 아이들을 데려다 키우는지 그 이유를 알고 싶었다. 나는 그 대답을 잊을 수 없다. 두 자녀가 자라면서 몸을 움직이는 일이 점점 더 힘들어지자 부모는 아이들을 들어주고 옮겨 주는 일을 스물네 시간 도와줄 수 있는 사람을 고용했다.

그리고 두 아이들을 건사하는 일이 점차로 안정되어 가자 아이들의 어머니는 아이들을 돌보며 자신이 경험한 것과 같은 어려움을 겪고 있는 다른 부모들도 자신이 받을 수 있는 것과 같은 도움을 받을 수 있어야 한다고 생각하게 되었다.

그리고 그 부부는 그 아이디어에서 한 걸음 더 나아갔다. 그들은 어디서 그런 도움을 받을 수 있는지 다른 가정들에게 말해 주는 대신 자신들이 직접 특별한 방식으로 도움을 주기로 했다. 그리고 다른 두 가정의 장애를 가진 자녀들을 위해 양부모가 되어 주기로 했다. 이미 특별한 도움을 줄 수 있는 준비가 되어 있는 자신의 집으로 아이들을 데려와 돌봐주었다.

그 가정은 특별한 도움을 필요로 하는 네 명의 아이들과 늘 함께 지낼 수 있는 곳이 되었다. 나는 다시 살아 있는 바나바를 볼 수 있었다.

존스 홉킨스 병원의 소아신경외과 과장인 벤 칼슨Ben Carson
은 신생아와 어린아이들이 정상적으로 자라고 생활할 수 있도
록 아이들의 뇌수술을 맡아한다. 그는 기적을 만들어내는 일
꾼이며, 진정한 영웅이다. 그런데 그의 배후에는 그의 영웅이
된 살아 있는 바나바 같은 한 여인의 이야기가 있다.

노마 클레이풀Norma Claypool은 볼티모어에 사는 미혼모다.
그녀는 매일 두뇌에 점점 더 많은 압력을 가하는 심한 기형의
두개골을 가진 여덟 명의 아이들을 입양해 키우고 있다.

칼슨 박사는 그 아이들의 머리 기형을 줄이기 위해 몇 차례
수술을 계획했다. 그 수술을 하지 않으면 머리뼈가 수축되어
아이들이 생명을 잃게 된다. 아이들은 병원을 오가며 다른 사
람들은 원치 않는 그들을 자기 아이들처럼 사랑하고 포용해
주는 노마의 집, 곧 자기들의 집에서 살았다.

누군가 간절히 듣고 싶어 하는 말을 해주는 데는 바나바의
역할을 해줄 수 있는 단 한 사람이 필요할 뿐이다. 그리고 그
사람이 절망을 딛고 고개를 들고 일어설 때 바나바가 될 수 있
을지 의아해하는 우리의 회의는 사라져 버린다.

바나바 방식을 따르는 일은 언제든지 할 수 있다고 앞에서 말했다. 우리가 할 수 있는 일이 언제나 있다. 격려를 필요로 하는 누군가가 언제나 있다. 이 회사에는 거대한 조직, 아니 작은 조직도 필요하지 않다. 모두 한 사람으로 된 위원회가 필요할 뿐이다. 그리고 우리가 원할 때는 언제든지 일을 시작할 수 있다.

09

세상을 거꾸로 바라보기

하나님께서는 우리가 복이라 부르는 좋은 것들을 우리에게 주신다. 그러나 너무 많이 주시거나 언제나 유형적인 것으로 주시지는 않는다. "하나님 아버지께서 편안하고 기분 좋은 숙소들로 우리의 여행길을 즐겁게 해주시지만 그런 곳을 우리 집으로 착각하도록 하지는 않으실 것이다."

그렇다면 하나님께서 조성하신 이 세상은 어떻게 돌아가고 있는가? 하나님께서는 복과 관련된 어떤 일들을 하시는가? 보상해 주시는 분이신가? 우리 편이신가? 우리는 하나님께 무엇을 기대해야 하는가? 또 하나님은 우리에게 무엇을 기대하시는가?

뛰어들어야 할 때

나는 이삼 주에 한 번씩 이야기하기 좋아하는 친구들 중 한 사람과 같이 시간을 보낸다. 우리는 늘 하나님께서 우리 삶 속에서 어떻게 일하시는지 이야기한다.

어떤 주는 모든 일들을 하나님께서 이루셨다는 것을 믿고 깨달으며 복 주신 하나님께서 우리를 사랑하신다고 느낀다.

그런가 하면 또 어떤 주는 하나님께서 별로 일하지 않으시는 것처럼 느끼고, 하나님께서 우리에게 주신 은사들을 통해 우리 스스로 복을 이끌어 낸다. 어떤 것이 진실인가?

우리는 대부분 복을 받지 못하고 고통을 느끼며 그리스도의 손길을 필요로 하는 세상에서 살고 있다. 그 손길이 우리를 통해 나와야 하는 세상에 살고 있는 것은 아닌가? 우리 자신이 바로 하나님께서 다른 사람들에게 약속하신 복은 아닌가? 다른 사람들에게 복이 되어 주는 것이 우리가 복을 받게 되는 길은 아닌가? 두 가지 다 될 수 있을 것이다. 그러나 우리의 역할을 먼저 생각해 보도록 하자.

미국 남북 전쟁을 배경으로 한 〈Glory 영광〉란 영화는 연방 정부를 지지하는 흑인으로 구성된 메사추세츠 54사단의 전투를 그리고 있다. 군인들은 매튜 브로드릭Matthew Broderick이 배역을 맡은 로버트 고울드 쇼우Robert Gould Shaw 대령이 지휘하는 백인 장교들의 명령을 받았다. 쇼우에게 보고하는 군인들 중 한 사람은 덴젤 워싱턴Denzel Washington이 배역을 맡은 트립Trip이라는 사람이었다.

줄거리는 찰스턴 외각지대의 와그너 요새를 무너뜨리고 용감한 공적을 세우게 되기까지 54사단에서 벌어지는 훈련을 중심으로 전개된다. 북부 백인 군대는 흑인 떼거리들이 놀라운 업적을 세울 수 있으리라고는 전혀 생각지 않았다. 그러나 54사단은 흐트러지고 분산된 오합지졸의 흑인 군대가 아니었다. 그들이 영웅적이고 희생적으로 감행한 남부 캘리포니아 요새 공격에서는 사단 병사의 삼분의 이 가량이 용감하게 자신들의 목숨을 바쳤다.

공격을 감행하던 날 쇼우 대령은 트립에게 사단기를 들게 했다. 영광스러운 일이었지만 트립은 거절했다. 그는 그것이 자신을 위해서가 아니라 쇼우를 위해, 그리고 북쪽의 백인을 위해서 싸우는 표시라고 생각했기 때문이다.

그 일은 전쟁이 불공평할 뿐 아니라 끝나고 나면 결국 다시 가난한 생활로 되돌아가게 될 것이므로 트립의 신념과 맞지 않다고 생각한 것이다. 때로는 우리도 그와 비슷한 결론에 이른다. 이 세상의 불의와 사람들이 겪어야 하는 고통을 보면서 결국 우리는 실제로 아무런 기여도 할 수 없다고 생각한다.

트립은 말했다. 그 일이 "무슨 소용이 있냐구요? 결국 승자는 아무도 없을 거예요. 이 전쟁은 그냥 계속될 거예요."

쇼우는 대답했다. "영원히 계속되지는 않을 거야."

"그렇지만 대장님, 결국 이기게 될 사람은 아무도 없을 겁니다." 트립은 고집을 피웠다.

"누군가는 이기게 될 거야." 쇼우 대령도 맞섰다.

그래도 트립은 여전히 누가 이기겠느냐고 물었다. 그는 쇼우와 같은 백인 장교들은 전쟁이 터지기 전에 살던 커다란 집으로 돌아가게 될 것을 알고 있었다. 그러나 자신과 같은 사람들은 돌아갈 곳이 없었다. 마침내 쇼우는 트립의 심중을 알게 되었다. 그리고 그 불공평을 어떻게 해결해야 할 것인지 생각했다. 트립은 모두에게 잘못이 있다고 주장했다. 모두 더러운 손을 가지고 있다고 말했다. 그 손이 깨끗해질 수 있다면 물론 좋을 것이다.

"그럼, 어떻게 하면 좋을까?" 쇼우는 물었다.

트립은 "그래도 우리가 팔을 걷어붙이고 직접 뛰어들어야죠."라고 대답했다.

지금 우리에게도 마찬가지다. 인생이 불공평하다고 생각하면서 하나님께서 문제를 해결하게 될 복들을 보내 주시기만 기다리는 대신 팔을 걷어붙이고 뛰어들어야 할 때다. 필립 얀시는 팔복을 따라 살 때 경험하게 되는 영적인 복을 이렇게 설명했다. "다른 사람들에게 투자하고, 정의를 수호하고, 약하고 가난한 사람들을 돕고, 우리 자신이 아니라 하나님을 추구함으로 풍성한 삶을 살게 된다."

복 있는 사람들의 역설적인 삶

그러므로 하나님께 나아가는 방법은 하나님께서 주시는 복을 불러 내림으로 찾게 되는 것이 아니다. 하나님께 나아가는 방법은 하나님께서 베푸시는 호의가 드러나는 외적인 증거가 거의 없는 사람들을 향해 나아가는 것이다. 마음이 상한 사람들, 상처를 입고 있는 사람들, 한 번 더 기회가 필요한 사람들을 향해 나아가는 것이다. 폭력과 고통, 두려움 속에서 씨름하는 사람들이나 도움과 정의와 친구가 필요한 사람들에게로 가는 것이다.

하나님의 이름과 능력으로 이런 사람들에게 투자함으로 우리는 하나님께서 우리와 함께하시는 것을 알게 된다. 그리고 하나님께서 주시는 복도 함께 발견할 수 있게 된다.

여기서 우리는 다시 역설에 부딪히게 된다. 복을 구하며 그 복이 임하기를 기다리는 삶을 살지 말라. 하나님을 위해 살고, 도움을 필요로 하는 사람들, 하나님께 중요한 사람들을 위해 살라. 그렇게 하면 하나님께서 주실 복을 가지고 우리가 있는 곳에 오셔서 함께하실 것이다. 그러면 복을 구하지 않아도 마치 마술처럼 복이 우리 앞에 나타나게 된다.

예측할 수 없는 하나님의 방법들

이런 역설적인 복과 관련된 가장 놀라운 사실은 하나님께서 사람들을 사용하시는 예측할 수 없는 방법이다.

앞에서 이야기한 헌팅턴 병을 앓고 있는 내 친구 마크는 하나님께서 은혜를 드러내시는 살아 있는 실습실이다. 커피를 쏟지 않고 마시는 일이 마크에게는 그리 쉬운 일이 아니다. 말하는 데 사용하는 근육을 잘 통제할 수 없기 때문에 그의 말을 알아듣기가 힘들 때도 있다. 우리 부부가 그 부부와 데이트를 할 때는 차를 찾거나 필요한 용무를 다 마칠 수 있도록 종종 영화 한 편 볼 수 있을 정도의 시간을 더 잡는다.

그런데 마크는 한 번도 불평한 적이 없었다. 그는 그 누구에 대해서도 불친절한 말을 하는 법이 없다. 자신에 대해 유감스럽게 생각하는 것도 보지 못했다. 마크와 내가 영화를 보러 가거나 잠시 쉬러 집을 떠날 때면 나는 내가 그에게 일종의 복이 될 수 있을 것이라고 생각한다. 그러나 좀 더 예수님처럼 되고 싶은 마음을 내게 갖게 해주는 것은 언제나 마크였다.

그리고 마크의 아내 킴Kim은 두 아이 에반Evan과 매디Maddie와 어떻게 될지 모르는 불확실한 삶을 살고 있다. 나와 아내는 우리가 그녀에게 힘을 북돋아 주고 친구가 되어줄 수 있다고 생각했다. 그러나 우리는 그녀의 삶을 통해 날마다 하나님을 의지하며, 오늘 그리고 내일의 필요를 위해 하나님을 기다리며 날마다 생활 속에서 하나님을 바라보는 것이 어떤 것인지 볼 수 있었다. 또 우리는 믿음으로 산다는 것이 정말 어떤 것인지 깨닫게 해 준 한 여인의 삶을 자세히 볼 수 있었다. 그것은 우리에게 복이었다.

내 친구 한 사람은 변호사일 뿐 아니라 저작권 대리업자이기도 하다. 나는 그와 사업상 좋은 관계를 맺고 있다. 출판계에 종사하는 사람들이 그와 좋은 관계를 맺는 일은 사실 그리 어

려운 일이 아니다. 나와 맺은 관계가 그에게 복이 된다고 생각
하지는 않았지만, 우리 관계가 발전하면서 나는 그를 통해 몇
사람의 작가들과 몇 차례에 걸친 출판 기획을 구상할 수 있었
다. 그는 작가들과 그들이 쓴 책에 쏟은 배려와 정성에 감사한
다고 내게 말했다.

어느 해 우리 가족은 20년 전에 어떤 사람이 우리에게 가한
범죄사건 때문에 법정에 서게 되었다. 그러나 배심원은 증거
가 충분하지 않다는 이유로 그 사건을 기각해 버렸고, 우리는
쓸데없는 기소가 되어 버린 그 일에 화를 내며 좌절감을 느꼈
다. 나는 다른 지방에서 3주 동안 진행된 재판 과정에 참여하
기 위해 비행기를 타고 가기까지 했다.

재판이 진행되는 중 나는 우리가 불리하다는 것을 알았다.
더구나 그 사건을 보도하는 신문 기자들과 도서 계약을 체결
한 세 명의 작가들과 법정Court TV 제작자들과 두 개의 영화
제작사를 대표하는 사람들이 법정에 나와 있었다.

우리 가족은 극작가들과 감독들이 '실화를 바탕으로 한 이
야기'를 영화로 제작할 경우, 그 줄거리와 인물들에게 어떤 일
이 일어나게 될지 알고 있었기 때문에 그 이야기와 관련된 우

리의 권리를 보호받고 싶었다. 그러나 우리는 법정 체제와 대중매체의 부당한 횡포에 휘둘리는 느낌을 받고 있었다.

그런데 그때 느닷없이 내 친구가 나타났다. 그는 우리가 모르고 있는 사법적인 체제에 대한 지식을 가지고 왔다. 그는 이야기 속에 드러난 우리의 권리를 보호하고, 광고권이 우리에게 우선적으로 있다는 사실을 주장하며, 사생활 침해와 명예 훼손을 근거로 법적 활동을 할 수 있는 법정 등록 절차를 제안해 주었다. 그리고 대중 매체와 영화 제작자들에 의한 더 이상의 횡포를 막기 위해 우리 가족과 함께 법적으로 동의하고 희생된 또 다른 한 가족을 도와주었다.

내 친구는 우리 형과 형 친구의 죽음을 불러온 해결되지 않은 살인 사건으로 격분했던 일에 대응할 수 있는 법적 자료들을 제공해 줌으로 우리 어머니에게 큰 위로가 되어 주었다. 그는 아무 대가도 받지 않고 그 일을 해주었다. 작가인 그를 위해 내가 하는 일이 그에게 복이 된다고 생각했지만, 그 복은 내게로 되돌아왔다.

하나님께서 도움을 필요로 하는 사람들의 삶 속으로 들어가도록 우리를 위해 문을 열어 주신다. 그러면 우리는 어떻게 도와야 하는지 볼 수 있다. 실제로 어떤 상황들이 우리 가족들 때문에 일어날 수도 있다. 우리 아이들에게는 부모의 이혼과 같은 어려운 가정 문제를 안고 있는 친구들이 있었다.

어느 날 방과 후 몇 명의 아이들이 우리 집 부엌에(우리 집은 아이들이 집으로 가는 길에 가장 먼저 들르는 곳이다) 모여 있었고, 이층 서재에 있던 나는 두 번째 과자 봉지를 찢는 소리와 2리터짜리 사이다 병이 두 개째 열리는 소리를 분명히 들었다. 나는 다른 곳에 있던 아내를 찾아 현관 앞에서 입장료를 받아야 할 것 같다고 제안했다.

그러자 아내는 이렇게 대답했다. "여보, 저 아이들 중 세 명은 이미 부모가 이혼을 했어요. 그리고 한 아이는 지금 부모가 이혼 수속을 밟고 있고요. 저 아이들 중 두 명에게는 당신이 오늘 만나게 될 유일한 남자 어른일 거예요. 그러니까 이제 아이들에게 가서 우리 집에 들어오기 전에 먼저 입장권을 사라고 하든지, 아니면 평상시처럼 사랑스럽고 관대한 당신의 모습을 보여 주고 혹시 하나님께서 남자 어른과 이야기하고 싶어 하는 한 아이와 간단히 만날 수 있는 기회를 주실지 두고 보세요. 과자 한 봉지에 얼마나 하는지 그런 얘기 말고요."

2분 후 나는 아이들과 함께 컴퓨터 스케이트보드 프로그램을 보면서 한 아이와 고우 패드에 관한 이야기를 따로 하게 되었다. 그날 밤 아들은 내게 어떤 부부들은 그리스도인이면서도 왜 이혼하느냐고 물었다. 우리는 몇 가지 이야기를 나눈 끝에 그의 친구들을 위로하고 격려해 줄 수 있는 방법들을 이야기하면서 마무리를 지었다.

어느 날 저녁 식사 후 편모슬하에서 자라는 한 아이가 우리 집을 찾아왔다. 어머니가 한 시간 내에 돌아올 것 같긴 한데 혼자 집에 있기가 왠지 좀 불안해서 왔다고 했다. 그 아이의 어머니는 세 시간 후에 나타났다. 우리 작은 아들과 딸은 그 아이에게 더 늦게까지 있다 가도 되며, 자고 가도 된다고 거듭 안심을 시켜 주었다. 나는 우리 아이들의 그렇게 관대한 모습을 전에는 보지 못했다. 나중에 둘은 자기 친구에게 아빠 엄마가 모두 다 있어서 한 사람은 언제나 집에서 아이들과 함께 지낼 수 있으면 좋겠다고 말했다.

이 책을 시작하면서 나는 알베르트 아인슈타인 이야기를 했다. 우리가 살고 있는 이 우주는 우리가 생각하는 대로, 우리가 이해하고 있는 과학과 물리학을 따라 움직이지 않는다. 아인슈타인은 변칙을 설명하기 위해 중력과 반대로 작용하는 힘이 있다고 가정했다. 그러나 다른 과학자들은 그의 말에 주의를 기울이지 않았다. 그들의 주장에 의하면 우주는 '대폭발'이 시작된 후 퍼져 나가면서 그 폭발의 중심에서 멀어져 갈수록 시간과 함께 그 속도가 느려져야 한다.

그러나 허블Hubble과 같은 우주 망원경을 통해 얻어낸 자료로 우리는 그와는 정반대 상황이 벌어지고 있음을 알 수 있다. 우주는 마치 뒤에서 미는 무엇이 있는 것처럼 점점 더 빠른 속도로 우주 공간을 훨씬 더 넓게 움직이고 있다. 아인슈타인의 가설이 맞았다. 우리가 생각하는 것처럼 세상 일이 그렇게 돌아가는 것이 아니다.

우리는 예수님을 따르는 그리스도인으로서 세상이 옳다고 생각하는 것과는 반대로 살아간다. 강하고 독자적이며 권력을 가진 사람들과 함께 일하는 대신 도움을 필요로 하는 사람들과 드러나지 않는 사람들과 친구가 필요한 사람들과 함께 일한다. 그러나 반전反轉이 천국에서 우리를 기다리고 있을 것이다.

여기 몇 가지 질문들이 있다. 우리가 실패한 사람을 믿어 줄 때 정말로 성공하기 시작하는 사람은 누구인가? 기회가 한 번 더 필요한 사람에게 기회를 줄 때 정말로 복을 받게 되는 사람은 누구인가? 상처 받은 사람을 도와줄 때 누가 정말로 회복되기 시작하는가? '패한 사람' 편에 설 때 정말 승리를 거두는 사람은 누구인가?

처음에는 거의 아무것도 돌려주지 않을 수도 있다. 그러나 장기적으로 우리가 찾은 사람과 우리를 찾은 사람을 위한 최선의 결과가 따른다. "건강과 평화가 약속되어 있다. 그러나 지금 이루어지는 것은 아니다. 고통과 깨진 가정과 경제 파탄과 미움과 두려움과 폭력 속에 갇힌 사람들에게 예수님께서 이 땅에서보다 훨씬 더 길고 훨씬 더 실제적인 건강과 충만함과 기쁨과 평안을 약속해 주실 보상의 때가 있다."

바나바 방식은 이 세상에서 가장 좋은 일을 하도록 우리를 이끌어 준다. 그때 우리는 가장 생동감을 느낀다. C.S. 루이스는 우리가 작은 그리스도가 되어 그리스도에 의해 하나님 아버지께 드려지는 것만이 우리가 존재하는 유일한 목적이라고 했다.

나는 바나바 방식에 대해서도 그와 비슷하게 생각한다. 우리에게 가장 중요한 시간들은 하나님께서 우리를 통해 도와주기 원하시는 사람들을 찾아가 손을 펴는 순간들이다. 곧 우리가 존재하는 목적을 따라 살고 있다고 느끼는 순간들이 될 것이다.

누구나 할 수 있는 것 한 가지

이제 신약성경에 나오는 바나바라는 인물에 대해서만 내가 글을 쓰고 있는 것이 아니라는 사실이 분명해졌을 것이다. 이 책은 다른 사람들을 돕는 사람들에 관한 책이다. 상대방이 그리스도인이든지, 힌두교도든지, 모슬렘이든지, 아무 신앙도 없는 사람이든지를 막론하고 도움이 필요한 사람을 도와주는 그리스도인에 관한 책이다.

이 책을 다 마치기 삼 주 전에 세 대의 제트 여객기가 과격 급진주의자들에게 납치되어 세계 무역센터와 미 국방성 건물을 관통해 지나갔다. 그날 이후 우리는 새로운 세상에 살고 있다. 비행기에 올라타서는 자리에서 일어나 조종실로 달려 들어갈 것처럼 보이는 사람은 없는지를 먼저 둘러본다. 지하철이나 버스를 타면서 여행을 기대하기보다는 두려워한다. 상점에 있는 음식을 보고, 우체통에 든 편지들을 보고 누가 손댄 흔적은 없는지 먼저 살펴본다. 눈에 보이지 않는 독소나 유해물질에 오염된 것은 아닐까 의심하면서 우리가 숨 쉬는 공기도 두려워한다.

우리와 함께 사는 사람들을 전보다 더 의심하게 되었다. 그리고 그 불신은 사람들을 향해 나가고 싶은 마음을 주춤하게 만든다. 나선형으로 추락하게 만드는 이 증오를 억누르기 위해 무슨 말을 할 수 있겠는가?

아마 아무 말도 할 수 없을 것이다. 그러나 무언가 할 수 있을 것이다. 테러, 증오심, 다른 종교를 가진 사람들을 제거해버리기 위한 과격한 행동 등 극도로 지나친 편협성과 배타성에 대한 질문에 어떻게 대답해야 하는지 나는 잘 모른다. 병적으로 흥분한 군중들이 '죽도록' 외치면서 몰아치고, 폭도들이 사람들의 감정을 짓누를 때 나라와 나라가, 사람과 사람이 서로 어떻게 공존할 수 있는지 나는 잘 모른다.

그러나 우리 모두 할 수 있는 것 한 가지를 알고 있다. 그것은 바나바가 했던 그런 일이다. 기회가 한 번 더 필요한 사람에게, 다시 시작해야 할 필요가 있는 사람에게, 소망이 필요한 사람에게 매번 친절을 베푸는 것이다. 에베소서 2장 10절을 보면 우리는 하나님께 지음 받은 자라고 말한다. 곧 우리의 삶, 우리의 결혼 생활, 우리의 가족, 우리의 직업, 우리의 제자도가 다 하나님께서 지으신 것이다. 사람들을 하나님께로 인도하는 선한 일을 보여 주시기 위해 그것들을 우리에게 주시고, 우리 삶 속에 엮어 주셨다.

낮은 자리에 임하는 축복

바나바처럼 다른 사람들을 앞세우는 사람들의 역할을 묘사하는 낮은 자리라는 말은 잘못된 선입견을 줄 수 있다. 그것을 실천하는 사람들뿐 아니라 다른 사람들에게도 적용되기 때문이다. 그 말은 곧 우리에게도 적용된다.

학교 성적에서나 운동 경기에서나 내 앞에 아무도 없었던 적을 나는 기억할 수 없다. 지난 해 콜로라도 보울더 행사에서 나는 처음으로 10킬로미터 경주에 참가했다. 나는 그 경주 결과를 보기 위해 내 개인 기록을 보여 주는 컴퓨터 출력 정보를 뒤져보았다. 완주한 41,117명 중(우리나라에서 다섯 번째로 큰 도로 경주였다) 19,218명이 남자였는데, 나는 그중 7,020번째였다. 그리고 마흔아홉 살 난 내 동갑들 중에서는 38번째였다. 이 통계들 중 그 어디에서도 내가 첫째가 된 경우는 찾아볼 수 없었다.

그러나 내가, 아니 누구라도 할 수 있는 것은 휴식이나 도움이 필요한 사람들에게 다가가는 것이다. 그 사람은 잠재력을 가진 사람으로, 우리의 도움으로 인해 그 사람의 승리는 곧 우리의 것이 될 것이다.

나는 이 책이 여러 가지 면에서 이상한 메시지를 선포하고 있다는 것을 알고 있다. 그 누구도 자기가 만나는 모든 사람에게 바나바가 될 수 있는 사람은 아무도 없다. 그것이 하나님께서 의도하신 것이라고 나는 생각하지 않는다. 성경에 마가와 바울의 이야기만을 기록하고 그들과 같은 사람들을 추가로 한 열다섯 명쯤 더 포함시키지 않을 것은 한 사람이 다른 사람들을 도와줄 수 있는 한계가 있다는 것을 우리에게 말해 준다.

그러나 여전히 바나바는 우리 모두를 위한 훌륭한 모델이다. 다른 사람들을 섬길 때 복은 우리의 것이 된다. 그렇게 하려면 우리는 시간을 좀 더 잘 활용할 수 있는 길을 모색해야 할 것이다. 우리는 개구리들에게 입을 맞추어 주고 그들이 개구리였다는 사실을 다른 사람들은 볼 수 없게 하는 공주들이다.

우리는 영원히 지속될 하나님 나라를 위해 그 일을 한다. 그리고 C. S. 루이스가 쓴 『나니아 연대기 – 마지막 전투 The Last Battle』에서 나니아 나라가 영원히 지속될 수 있기를 바라며 "아니, 이슬란의 나라를 제외하고는 모든 나라들이 끝나버릴 거야."라고 대답하는 외뿔소, 쥬웰Jewel처럼 말하게 될 것이다. 우리가 달려가는 나라는 우리 각자가 희망하는 행복한 결말을 가져다줄 이슬란의 나라다. 왜냐하면 행복한 결말에는 세상의 종말이 기대되기 때문이다.

바나바는 고통 받는 사람이나 도움이 필요한 사람과 어떻게 같이 하며, 행복한 결말을 향해 함께 걸어가야 하는지를 우리에게 보여 주었다. 어느 날 우리가 격려해 준 사람들, 그리고 우리를 격려해 준 사람들과 함께 마침내 더 이상 눈물이 없는 곳, 죽음이나 슬픔이나 탄식이나 고통이 없는 곳에 있게 될 것이다. 그리고 우리가 내내 찾고 바라던 행복한 삶을 영원히 살게 될 것이다.

■ 주

들어가는 말

11   1975년에 개봉된 영화 The Man Who Would Be King : John
      Huston이 감독했고 John Huston과 Gladys Hill이 시나리오를 썼
      으며 헐리우드 Artists/Collombia 연합 영화사가 제작했다.

12   C. S. 루이스 : C. S. Lewis. <고통의 문제 : 홍성사> (The Problem
      of Pain) (San Francisco : Harper SanFrancisco, 2001) 40.

14   "굳은 마음으로 주께 붙어 있기를" : 행 11:23

15   "착한 사람이요, 성령이 충만한 자" : 행 11:24
      마음이 청결한 자 : "마음이 청결한 자는 복이 있나니 저희가 하나
      님을 볼 것임이요" (마 5:8). "긍휼히 여기는 자는 복이 있나니 저
      희가 긍휼히 여김을 받 을 것임이요" (마 5:7)
      이런 사람이… 복 있는 사람이다 : NIV Bible Commentary,
      electronic version. Kenneth Baker and John Kohlenberger III.
      consulting editors. Entry 149 of 204 on the word "Blessed"에서
      인용. A part of Zondervan Reference Software (22−bit edition).
      Version 26 (Grand Rapids: Zondervan, 1994).

1. 축복의 딜레마

19   필립 얀시 : <내가 알지 못했던 예수 : 요단>(The Jesus I Never
Knew) (Grand Rapids : Zondervan, 1995), 76-7.

      "사실 우리는 … 원한다." : C.S.Lewis, <고통의 문제 : 홍성사>
(The Problem of Pain)

36   C. S. 루이스 : <순전한 기독교 : 홍성사>
(Mere Christianity) (New York : HarperCollins, 1980), 42.

37   Hoosiers : Hoosiers, David Anspaugh 가 감독했고, Angelo
Pizzo가 시나리오를 썼으며, 헐리우드 Hemdale Film
Corporation ; Orion Pictures 가 1987년에 제작하였다.

38   필립 얀시 : <내가 알지 못했던 예수 : 요단>(The Jesus I Never
Knew),113.

2. 특별한 사명, 탁월한 격려자 바나바

35   "나중에 교회들은 바나바를" : 사도행전 13:1, 14:14

3. 바나바 방식 그리고 팔복

4. 보이는 것이 전부가 아니다

76 "훨씬 더 만족스러운" Spark, Prophet of Orthodoxy, 190에 인용된 것임.

77 C. S. 루이스 : <고통의 문제 : 홍성사>(The Problem of Pain) (San Francisco : Harper Sanfrancisco, 2001), 28.

하나님의 역설적인 결론들 : Robert Farrar Capon, The Parables of the Kingdom (Grand Rapids : Eerdmans, 1985),63

85 그 모든 것을 어떻게 다루어야 하는지 : J. Madeleine Nash : "Einstein's Unfinished Symphony," Time(New York : Time, Inc., 11 December 1999), 83-7.

87 밥 버포드 : <하프타임 : 낮은 울타리> (Halftime) (Grand Rapids : Zondevan, 1994).

밥 머지코프스키 : Safe at Home (Grand Rapids : Zondervan, 2001).

89 "팔복은… 보여 준다" : <내가 알지 못했던 예수 : 요단> (The Jesus I Never Knew) (Grand Rapids : Zondervan, 1995), 117.

5. 축복을 찾을 수 있도록 도와줄 사람들

98   데이비드 헐버스템 : The Best and the Brightest (New York : Random House, 1972).

102   "이렇게 형편없는 사람들" : C. S. Lewis, Mere Christianity (New York : HarperCollins, 1980), 213.

    <슈렉> : Shreck, Ted Elliot와 Terry Rossio가 쓴 원작을 Joe Stillman과 Roger S. H. Schulman이 각색했고, Andrew Adamson과 Vicky Jenson이 감독하고, 캘리포니아 Univeral City, Dream Works SKG사가 2001년에 제작한 영화.

106   셰익스피어가 썼듯이 : "The Fault, dear Brutus, is not in our stars, But in ourselves, that we are underlings." (Julius Caesa, I, ii, 140−1).

6. 바나바처럼 살면 어떤 보상이 따를까?

115   루디 루에티거 : David Anspaugh가 감독하고 Angelo Pizzo가 극본을 쓰고 캘리포니아 Columbia TriStar, Culver City 사가

1993년에 제작한 영화 Rudy와 Rudy Ruettiger, Cheryl Ruettiger, Rebecca Atkinson이 공저한 Rudy's Lessons for Young Chanpions(Henderson, Nev. : Rudy International, 1997)에서 인용. Rudy Ruettiger와 Mike Celizic이 공저한 Rudy's Rules(Waco, Tex. : WRS Publishing, 1995)도 참조하라.

119 인간의 행동을 연구하는 사람들 : 인간의 동기를 연구를 한 사람들 중 Abraham Maslow 와 Clayton P. Alderfer 이 두 사람이 가장 많이 인용된다. 다음은 그들이 쓴 중요한 연구 서적들이다 : Maslow, Motivation and Personality (New York : Harper & Row, 1954); Maslow, The Farthe Reaches of Human Nature (New York : Penguin, 1971); Alderfer, Existence, Relatedness, and Growth (New York : Free Press, 1972).

120 우리를 궁극적으로 …해주는 것은 : Educational Psychology Interactive : Maslow's hierachy of needs, http:// chiron. valdosta. edu/ whuitt/col/regsys/maslow.html 참조

121 사영리에 보면 : Bill Bright, "Have You Heard of the Four Spiritual Laws?" (Orlando : Campus Crusade for Christ, 1965).

123   그러나 천칠백 만 명에 이르는 미국 성인들이 : National
Institute of Mental Health, APA Online(American
Psychological Association)에서 인용.
http://www.apa.org 참조.

124   우울증을 해결하기 위해서는 : Depression Info Center,
Continuing Medical Education Association, c << 이 c 는 동그라
미 안에 들어 있습니다. 제 컴퓨터로는 할 수가 없어서 …>>
1995-2001
CME, inc., http://www.mhsource.com/depression 참조.

7. 바나바 방식을 비판하는 사람들

134   연쇄상구균과 살모넬라에 이르기까지 : Andrea Dorfman,
"Potions from Poisons," Time (New york : Time, Inc., 15
January 2001), 96-9,

138   현대 작가들은 예수님을…묘사한다 : Philip Yancey, <내가 알
지 못했던 예수 : 요단> (The Jesus I Never Knew) (Grand
Rapids : Zondervan, 1995), 19.

139　프로 운동선수들 중에는 : Yancey, <내가 알지 못했던 예수 : 요
단>(The Jesus I Never Knew), 19

140　나우웬 : 작가이며 신부였던 그는 University of Notre Dame,
Theological Institute in Utrecht, Yale Divinity School, Harvard
Divinity School에서 가르쳤다.

141　아담 : Henri Nouwen, <아담 : 하나님이 사랑하시는 자 : IVP>
<Adam : God's Beloved) (Maryknoll, N. Y. : Orbis, 1997).

143　레이본 : Patricia Raybon, My First White Friend (New
York:Penguin, 1996), 85-96.

8. 바나바 그리고 나

151　"그는 흥하여야 하겠고" : 요한복음 3:30

"임금이 대답하여 가라사대" : 마태복음 25:40

161　노마 클레이풀 : Gifted Hands : The Ben Carson Story on
video. Cal Vovert, Jan van den Bosch 제작. c << 둘레에 동그라

미 쳐주세요.>> 1992 Zondervan, Ban Carson.

9. 세상을 거꾸로 바라보기

165   "하나님 아버지께서…않으실 것이다" : C. S. Lewis. <고통의 문
        제 : 홍성사> (The Problem of Pain) (San Francicso :
        HarperSan-Francisco, 2001), 115.

166   영광 : Glory, Deward Zwick이 감독하고, Kevin Jarre 극본을
        쓰고 캘리포니아 Columbia Tri-Star, Cluver City 사가 1989년
        에 제작한 영화.

169   "…풍성한 삶을 살게 된다." Philip Yancey, <내가 알지 못했던
        예수 : 요단> (The Jesus I Never Knew) (Grand Rapids :
        Zondervan, 1995), 125.

176   마치 뒤에서 미는 무엇이 있는 것처럼 : Michael D. Lemonick,
        "Einstein's Repulsive Idea," Time (New York : Time,Inc., 16,
        April 2001), 58-9.

177   "건강과 평화가 약속되어 있다" : Yancey, 〈내가 알지 못했던
예수 : 요단〉 (The Jesus I Never Knew),113.

178   루이스 : C. S. Lewis, Mere Christianity (New York :
HarperCollins, 1980), 200.

182   "아니, 아슬란의 나라를 …" : C. S. Lewis, The Last Battle, bk.
7, The Chronicles of Narnia (New York : HaperCollins, 1956),
101.

183   죽음이나 슬픔이나…없는 곳에 : 요한 계시록 21:4

우리 삶의 목표는 모두 함께 행복하기

– 최일도 목사 | 다일공동체 대표

꽃동네 요양원에서 하루에도 몇 구씩 시신을 대해야 했던 한 수사에게서 이런 고백을 들은 적이 있습니다.

"밤잠 안자고 온 힘을 다해 치료해 주고 살려 주었더니 오히려 칼을 들고 찾아와서 협박하거나, 뼈아프게 돌본 정성에도 불구하고 남는 것은 시신밖에 없었습니다."

이런 처절한 고백을 들으면서 나 또한 그와 꼭 같은 경험을 수도 없이 한 처지라 누구보다 그분의 아픔에 깊이 공감할 수 있었습니다. 하지만 다시금 그분의 얼굴을 찬찬히 살펴보면서, 마음속 깊이 깃든 참된 평화와 기쁨을 지닌 사람에게서만 우러나오는 맑고 온화한 표정을 읽어낼 수 있었습니다.

·

세상에는 이렇게 한평생을 빛도 이름도 없이 묵묵히 희생과 봉사의 길을 걸어가는 사람이 있는가 하면 또 어떤 이들은 세상의 이목과 부러움을 한 몸에 받으며 부귀와 출세와 권력을 향해 달려가기도 합니다.

물질과 권력과 성공이 모든 가치에서 우위를 점하고 있는 현대 사회의 흐름을 거슬러 가는 것은 어쩌면 골리앗 앞에 선 다윗처럼 무모해 보일지도 모릅니다. 하지만 우리가 기억하는 모든 신앙의 선배들은 도도한 시대의 흐름을 거슬러 가는 길을 택했고, 성실하고도 꾸준하게 오직 한 길로만 걸어가셨습니다.

행복의 참된 의미를 상실하고 오도된 행복이 판치는 시대라할지라도 진정한 행복에 이르는 길이 무엇인지 알고 그 푯대를 향해 나아가는 자가 진정한 그리스도인입니다.

이 책은 바나바라는 성경적 인물의 삶의 궤적을 통해서 진실로 세상을 구원하는 길이 무엇인가를 상세하고도 설득력 있게 펼쳐 보이고 있습니다. 글을 읽어가는 내내 가슴 속 깊은 곳에서 다시금 솟구치는 뜨거운 열정과 새롭게 타오르는 사랑의 불꽃을 느낄 수 있어서 매우 행복했습니다.

우리가 사는 진정한 목표는 모두 함께 행복한 것입니다. 함께 행복하기 위해서는 작은 자의 신음소리에 귀 기울이는 자세만이 가장 바른 삶의 태도라고 이 책은 말합니다.

좋은 책 한 권에는 저자의 심장 고동소리가 담겨 있기 마련입니다. 나는 이 책을 읽으면서 시간과 장소를 초월해서 지금도 살아 숨 쉬고 있는 바나바의 심장 고동소리를 들을 수 있었습니다. 이 책을 읽는 이들이 손에 잡힐 듯이 그려져 있는 바나바의 삶을 접하고 그 고동소리에 귀 기울이기를 바라는 마음 간절합니다. 또한 삶의 방향을 새로이 정비해서 낮은 자리로 내려서길, 돕는 자의 길을 걸어가길, 나눔과 섬김의 길을 걸어가길 바라는 마음 간절합니다.

삶의 목표를 어디에 둘 것인가 정해진 사람만이 오늘 하루의 행보를 바르게 내디딜 수 있습니다. 이기적이고 개인적인 성취를 포기하는 자만이 하나님의 역사하심의 신비에 눈뜰 수 있습니다. 바나바의 삶을 한마디로 정의하면 포기하는 자의 삶입니다. 저자는 이 한 권의 책을 통해 포기하는 길이야말로 세상을 구원하는 유일한 오솔길임을 말하고 있습니다.

　　대학원 시절부터 이 책의 중심을 이루는 아이디어를 내게 주신 몇몇 분들께 감사를 전하고 싶다. 그분들은 자신들이 그렇게 했다는 사실조차 모르고 있을 것이다. 나는 이 주제에 관한 책이 나올 수 있으리라고 생각하지 않았다. 그러나 이렇게 나오게 되었고 그래서 그분들이 내게 미친 영향을 간단하게 쓰고 싶다.

　　하워드 헨드릭스Howard Hendricks 박사님은 사도행전 9장에서 15장 사이에 바울 외에 또 한 사람이 나온다는 사실을 내게 처음으로 가르쳐 주신 분이다. 그리고 진리가 정말로 진리가 되기 위해서는 그 진리를 관찰하고 연구하고 설교하는 것이 아니라 그 진리대로 살아야 한다는 것을 가르쳐 주셨다.

발이 컸던 주일학교 교사와 같은 사람들에 대한 교수님의 이야기들은 신학원 강의실을 생동감 있게 만들었고, 언제나 내 목을 메이게 하는 감동을 주었다. '나는 한 번 더 기회가 필요한 사람들이 그렇게 많이 모여 있는 신학원 교정에서 바나바는 잘 버텨낼 수 있었을까' 하는 생각을 해본다. 신학원은 헨드릭스 교수님이라는 이름의 격려자가 한 번 더 기회를 갖게 된 사람들이 번성할 수 있도록 도와주기 위해 살기로 선택한 온상이다.

척 스윈돌Chuck Swindoll은 1979년 내가 처음으로 출판 일에 종사한 이래 20년 이상 서로 알고 지냈다. 나는 대중들을 격려하는 그의 메시지를 많이 들었다. 그는 또 언제나 개별적으로 사람들을 격려해 주는 일을 한다.

필립 얀시Philip Yancey는 그 어떤 그리스도인도 대답하고 싶어 하지 않는 어려운 질문들을 제기하면서 사람의 마음을 탐구하는 책을 쓴다. 그는 그런 질문들과 씨름하면서 의심 많은 사람들에게 인생의 가장 어려운 딜레마와 이상한 신비들에 대한 대답들이 하나님께 있다는 사실을 일깨워 주고 격려해 준다. 그의 아내 재넷Janet은 도시 빈민가와 죽음을 앞둔 말기 환자들을 돌보는 시설 등 대부분의 사람들은 가고 싶어 하지 않는 그런 곳에서 일하고 있다.

두 사람은 그들의 경험과 통찰력을 바탕으로 격려라는 주제에 대한 특별한 견해를 가지고 있다.

이 책의 마지막 장을 정리하면서 나는 얀시 부부에게 아내와 내가 집안 문제로 위기에 처한 한 가족을 도우려 하고 있다는 사실을 알렸다. 그들은 우리를 격려하고 칭찬해 주었다. 그런 다음 필립은 내가 예상치 못했던 일들을 해주었다. 그는 '우리가 괜찮다면' 자신이 잠시 동안 도와주겠다고 했다. 우리는 기꺼이 괜찮다고 했다. 어떤 사람들은 도와주고 격려해 주는 일에 대해 이야기하고, 또 어떤 사람들은 그에 관한 글을 쓴다. 그런데 얀시 부부는 삶으로 이것을 실천한다.

내 친구 댄 리치Dan Rich와 론 리Ron Lee는 이 책이 나오기 전 그저 하나의 아이디어에 불과했던 때부터 이 책을 믿어 주었다. 그들은 '격려'는 어느 때 어느 상황에서나 우리가 보일

수 있는 반응이라고 주장하며, 다른 사람들 앞에서 그 신념대
로 살아가는 사람들이다. 그런 삶이 우리가 바라는 복보다 종
종 훨씬 더 중요하다. 댄과 론의 통찰력과 도움으로 이 책은 좀
더 나은 책이 될 수 있었다.

진리를 실천하고, 개인적으로 참여하며, 인생의 가장 어려운
딜레마와 씨름하는 사람들, 이 책에서 예로 든 사람들의 인격
적인 특성들은 바나바 방식을 보여 주는 멋진 증거들이다. 그
리고 그런 특성들이 잘 드러나는 또 한 사람, 내가 감사를 표하
고 싶은 또 한 사람이 있다. 바로 내 아내 로렌Laren이다. 이 책
에 대한 내 구상을 처음 이야기했을 때 아내는 "여보, 그렇게
하세요." 라고 말해 주었다. 나는 조금밖에 실천하지 못했지만,
아내는 나를 안 이후 죽 그렇게 해왔다. 아내가 없었다면 나는
바나바의 길을 결코 찾을 수 없었을 것이다.

결국에는 생명이다

김명자 지음

믿음을 가진 자는
생명을 향해 나아갑니다

《결국에는 생명이다》는 저자의 삶에 대한 자서전이자, 그리스도를 향한 수줍은 사랑의 고백이다. 그리스도를 나의 생명의 구주로 맞이 한지 38년! 한 남자의 아내로서, 어머니로서, 그리고 하나님을 사랑하는 마리아와 같은 여자로서 삶 전부를 통해 때마다 역사하시는 하나의 음성을 들려준다. 하나님의 사랑 안에서 이루어지는 생명의 역사는 어떠한 모양이라도 한 생명을 구원하는 구명선 자체가 되기를 소원 한다는 저자의 글에서 나타나듯이 우리가 가는 길의 종점은 그리스도가 주신 생명임을 알기를 원한다. 또한 한 사람의 개인 영혼 하나 구원되어 가는 길이었다면 이제는 세대와 세대를 흘러 넘어 가는 소망을 담아 보여 주고 있다.

〈책 속으로〉

자석에 들러붙는 쇳가루처럼, 그러한 끌어올림이었다.
신기했고, 지금도 그때 그 시간을 떠올려 보면 신기할 뿐이다.
아버지와의 마지막 이별의 시간이라 슬피 울고 있는 그 시간.
순간에 내 가슴 깊은 곳 안에서 들려와 하는 내 입의 말.
"저렇게 먼 걸, 이렇게 쉽게…"

베드로

류황희 지음

예수께서 단 한 번 부르신 이름
예수의 심장이 놓지 않은 사람

우리는 그리스도인이다. 그러나 우리는 무수히 많은 죄를 범하며 살아간다. 정말 내가 그리스도인이 맞는지조차 의심스러울 때도 한 두 번이 아니다. 그래서 이제 주께서 나를 버리시고, 내게 맡기셨던 사명과 기쁨까지도 다 거두어 가실 것이라는 좌절 속에 눈물을 흘릴 수밖에 없는 상황이 오기도 한다. 베드로처럼 말이다.

그러나 예수님께서는 결코 나에 대해서 포기하지 않으시고 찾아오셔서 우리의 죄를 사해주시고, 우리에게 맡기셨으나 내 죄로 말미암아 잃었던 자녀로서의 특권과 기쁨을 회복시켜 주신다는 사실을 요한복음 21장을 통해 확인할 수 있다.

오히려 하나님 앞에서 우리는 나의 못남과 나의 죄 때문에 더욱 하나님을 사랑하게 되며, 더욱 충성된 자로서 살아갈 수 있게 되는 것이다. 베드로의 그 뼈아픈 경험과 여기서의 회복이 요한복음 21장 19절에서 예언되어 있는 베드로의 영광스러운 순교를 가능하게 한 것이다.

떠나야 하는, 보낼 수 없는

오시카와 마키코 지음 | 남기훈 옮김

집에서 죽음을 준비한다는 것

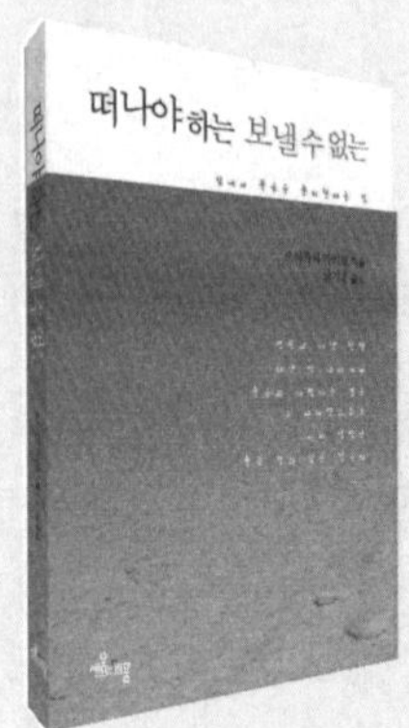

이 책의 원제는 〈집에서 죽는다는 것; 在宅死〉이다. 제목 그대로 집에서 죽음을 맞이하는 열한 명의 마지막 작별에 대한 이야기다. 집에서 죽는다는 것이 말처럼 쉬운 일은 아닐 듯하다. 특히 지금처럼 병원, 상조, 요양 등 죽음과 관련된 것마저 산업화되어 버린 시대에는 더욱 그럴 것이다.

죽음의 진정한 의미가 사라지는 현 세대에 재택사在宅死를 통해 느낄 수 있는 죽음의 존엄성과 그 이면의 깊은 의미를 잔잔히 들여다보길 원한다. 또한 자기 아버지의 죽음을 통해 재택사가 좋은 방법이기는 하지만 최고의 방법은 아니라는 저자의 가슴 아린 고백 또한 들어보길 원한다.

〈책 속으로〉

"애썼다. 조금 쉬자꾸나. 이제 잠들어도 된단다."

부모님은 이 말을 반복했습니다. 잠시 후 이것을 들은 것처럼 유카리는 생을 마감했습니다. 마지막 디즈니랜드 나들이로부터 4일 후의 일이었습니다. 부모님도 언니도 흐트러짐 없이 마지막까지 그녀를 따뜻하게 지켜주었습니다. 슬픔은 계속 남아 있겠지만, 후회는 없을 겁니다. 그들은 최선을 다했으니까요.

뉴–보혈은 기적이다

심상태 지음

그리스도의 피는
우리를 사랑하셔서 주시는
가장 귀한 생명의 선물이다

　　기독교인이라고 해도 보혈의 중요성에 대해서는 잘 깨닫고 있지 못하다. 십자가에서 인간들을 위해 피 흘리셨다는 것. 단순히 이렇게 알고 있는 사람이 대부분이다. 그러나 성경의 많은 부분에서 보혈에 대해 단회적인 인식으로 끝내야 할 대상이 아님을 증명하고 있다. 이 책은 보혈이 지속적이고 반복적으로 인식해야 함을 구체적인 성경구절과 사례들을 제시하며 증명하고 있다.

목회자와 신학생 및 평신도를 위한 보혈 교과서

　　성경의 가장 위대한 진리는 보혈이다. 그러나 보혈은 영적인 보배요 비밀이기 때문에 많은 사람들이 잘 알지 못하고 있다. 자기 기준으로 자기 믿음의 잣대로 맞추다보니 오히려 지식이 방해가 되기도 한다. 이 책은 통해 성경의 진리가 보혈이라는 증거들을 체험할 수 있게 한다. 진정한 보혈의 의미를 자세하고 친절하게 안내하고 있다.

바나바처럼 The Barnabas Way *An Unexpected path to God*

초판 1쇄 인쇄 | 2013. 05. 20
초판 1쇄 발행 | 2013. 05. 25

지은이 | 존 슬로안
옮긴이 | 마영례
펴낸이 | 백도연
펴낸곳 | 도서출판 세움과비움
신고번호 | 제 2012-000230호
주소 | 서울 마포구 양화로16길 18(서교동)
              Tel. 02-704-0494 Fax. 02-6442-0423
seumbium@naver.com

기획 | 백유창
디자인 | 명상완

이 책은 저작권법에 의해 보호를 받는 저작물이므로 무단전재 및 복제를 금합니다.
잘못 만들어진 책은 구입하신 서점에서 바꾸어 드립니다.

ISBN 978-89-98090-06-7   03230

값 10,000원